保存原論

日本の伝統建築を守る

鈴木博之

歴史的な建物は人と地域に潤いと安らぎを与えます。
……………代表的14事例の保存の記録と詳細……………

市ヶ谷出版社

保存原論

日本の伝統建築を守る

鈴木博之

まえがき

　建築を保存し、継承し、活用しつづけることは、建築を造りあげるのと同じくらい重要であり、同時に創造的な仕事である。

　イタリア・ルネサンスの建築家G・B・アルベルティは、古代ローマの遺跡は大切なものとして残されるべきだと語っているし、松尾芭蕉が詠んだ「夏草や　つわものどもが　夢のあと」という句も、史的連想を伴う場所（史跡）へのオマージュだと解釈できる。遺跡や史跡は、過去を我々に伝え、未来をも考えさせてくれる。

　けれども、建物が失なわれてしまった史跡や遺跡よりも、完全に近い形で建物が残されている場合には、その保存はさらに重要性を増すといえるだろう。また、時の流れのなかで、毀損してしまった建物を元の姿に戻そうとする「復原」という仕事も、大きな意味をもつものである。

　一九世紀ヨーロッパでは、ヴィオレ・ル・デュックやジョージ・ギルバート・スコット、ジョン・ラスキンなどの人たちが、復原作業を実践したり、あるいは逆に批判したりしてきた。わが国にも、近代が始まる前から、修理・復原については厚い実績の積み重ねがある。

　ところが建築を保存し、継承するといっても、過去の建物に手を加えることは、過去を改変し、歴史をゆがめることになりかねない。したがって建築の保存や復原に関しては、何が許される行為であり、何がなすべきでないことかに関して、多くの議論が重ねられてきた。

　建築の保存・復原に関しては、その理論的基盤が常に問われてきたのである。過去の建物を大事にすると称して、ただ表面を磨き立てて、色鮮やかにペンキを塗り替えても、それは保存の名に値するとは限らない。保存・復原に関しては、何を残し、何を造り直すのか、それぞれの事例ごとに可否が問われるのである。

　本書は、わたくしが建築の保存の理論的基盤、復原理論について考えてきたことを述べている。しかしながら、理屈を述べているだけでは、本当のところ、建築の保存はできない。実際の事例に直面して、さまざまな困難のなかで、古い建物の歴史的価値を損なわないように配慮し、安全性を確保しながら、新しい活用の道を見出してゆくことが建築保存なのである。

本書に示した建築保存の事例は、これまでわたくしが具体的に関わってきた保存の事例ばかりである。代表的な事例の記録と詳細を14掲載させていただいた。それぞれの状況や条件は多様だし、建物もそれぞれ性格が異なる。だから建築保存には正解などはなく、具体的な条件に即して見つけ出していった個別の答えがあるだけである。

　とは言いながら、本書の事例は多様ではあるけれど、そこに一貫して歴史性の尊重という筋が通っていることを読み取っていただけたなら、幸せである。

　　　　　　　　　　　　　　　　　　　　　　　　　　　　　鈴木博之

目次

総論

Ⅰ 文化財をめぐる最近の話題　002

1. 東京丸の内の駅舎の保存・復原
2. 八幡浜市立日土小学校がワールド・モニュメント財団／ノール・モダニズム賞を受賞
3. 最近の保存運動の動向

Ⅱ 文化財の種類と保存の考え方　006

1. 日本における文化財の種類
2. 建造物の保存の考え方

Ⅲ 文化財保存における記憶と想像力の契機　013

1. なぜ残したいのか
2. 建物に秘められた全体性
3. 意識の中で共有されるか

Ⅳ 歴史的建造物の活用と開発　018

1. 文化財の活用について
2. 歴史的建造物の活用
3. 近代建築の継承

事例

1. 旧東京音楽学校奏楽堂　　　上野の杜に残った奏楽堂　　　　　　　　026
2. 三菱一号館　　　　　　　　街の象徴として歴史を再現　　　　　　　032
3. 迎賓館赤坂離宮　　　　　　明治建築の最高傑作が国際舞台で活躍　　036
4. 銅御殿（旧磯野邸）　　　　都市の中に文化財のぬくもりを　　　　　040
5. 東京駅丸の内駅舎　　　　　日本で一番美しい駅舎が甦える　　　　　044
6. 明治学院インブリー館、礼拝堂、記念館
　　　　　　　　　　　　　　アイデンティティーとしての歴史的建築　052
7. 旧朝倉家住宅　　　　　　　都会の一等地に残る大正の和風住宅　　　058
8. 誠之堂・清風亭　　　　　　移築の最高技術を生み出した情熱　　　　062
9. 青淵文庫・晩香廬　　　　　先人の成果を大切にした保存　　　　　　066
10. 帝国ホテル旧本館「ライト館」
　　　　　　　　　　　　　　日米をつなぐ保存運動の原点　　　　　　070
11. 山本有三記念館　　　　　　文化人の残した遺産を活用する　　　　　074
12. 旧日向別邸　　　　　　　　プライベートな空間から公共空間へ　　　078
13. 八幡浜市立日土小学校　　　国際的な評価を受けた保存活動　　　　　082
14. 国立西洋美術館　　　　　　歴史的建築と最新技術の組合せ　　　　　088

各論　場所・歴史・文化・建物の保存

Ⅰ　奏楽堂と上野の杜　　　　　　　　　　　　　　　　　　　　　　　094
Ⅱ　内匠寮の人と建築、赤坂離宮　　　　　　　　　　　　　　　　　　103
Ⅲ　明治生命館という建築　　　　　　　　　　　　　　　　　　　　　112

索引　　　　　　　　　　　あとがき　　　　　　　　　　　出典

120　　　　　　　　　　　　124　　　　　　　　　　　　126

総論

Ⅰ 文化財をめぐる最近の話題　　002
1. 東京丸の内の駅舎の保存・復原
2. 八幡浜市立日土小学校がワールド・モニュメント財団／ノール モダニズム賞を受賞
3. 最近の保存運動の動向

Ⅱ 文化財の種類と保存の考え方　　006
1. 日本における文化財の種類
2. 建造物の保存の考え方

Ⅲ 文化財保存における記憶と想像力の契機　　013
1. なぜ残したいのか
2. 建物に秘められた全体性
3. 意識の中で共有されるか

Ⅳ 歴史的建造物の活用と開発　　018
1. 文化財の活用について
2. 歴史的建造物の活用
3. 近代建築の継承

I 文化財をめぐる最近の話題

1. 東京駅丸の内駅舎の保存・復原

　平成24年(2012年)10月、「東京駅丸の内駅舎の保存・復原工事」が完成しました。

　この駅舎を活用しつづけながら、保存・復原することが決定されるまでには、さまざまな紆余曲折がありました。多くの一般市民の声が保存を訴え、さらに国鉄からJR東日本という新しい会社が生まれる中で、新しい組織が保存・復原することを決断し、平成19年（2007年）から工事が始まりました。

　東京駅丸の内駅舎は、明治から大正時代にかけて、富国強兵、殖産興行の旗のもと、西洋の列強に伍して近代国家として発展しようとした、当時の日本の象徴として建設されました。近代国家となって、日清・日露戦争という外国との戦争を経て、国威を外国に示す必要があったからです。

　設計者辰野金吾は、「日本の近代建築の父」といわれる人物で、東京駅には、彼がヨーロッパで西洋建築を学んだ時代のロンドンの建築様式、すなわちヴィクトリアン・ゴシックの影響が色濃く窺われます。東京駅は約6年

図1　保存・復原された東京駅丸の内駅舎

の工期をかけて、大正3年（1914年）に完成しました。

　赤レンガと白い花崗岩が組み合わされた華やかな様式をもっています。近代国家の首都東京の表玄関にふさわしい、日本最大の規模を持つ駅舎が出現したのです。左右に一対の巨大なドーム屋根をもつことも、東京駅の個性的な意匠でした。

　この駅舎が終着駅の形式ではなく、通過駅の形式をもつことは、結果として丸の内に対して長大な姿を出現させることとなり、正面の長さは335メートルほどにもなります。この建物はひとつの街並みのように、丸の内のオフィス街に対峙しているのです。そこから、東京駅丸の内駅舎のもつ、都市的性格が浮かび上がってきます。

　鉄骨レンガ造の構造ですが、明治時代最大の地震であった濃尾地震の教訓を活かして、耐震性を考慮した成果だと考えられます。そのため、東京駅は、大正12年（1923年）の関東大震災にも致命的な被害を受けることなく、その役割を果たしつづけました。

　しかしながら、第二次世界大戦によって左右のドーム部分、本屋の最上階である3階部分のほとんどを焼失してしまいました。戦後の復旧は、駅として機能しつづけるため、最短の工期で計画されたために、3階建てが2階建てになり、左右のドームも一段低い位置に架け替えられました。

　今回の復原工事は、東京駅が開業した当時の姿に復旧することを基本としています。これは、当初のドーム、失われた3階部分を作り直し、東京駅の過去の姿を取り戻すだけではなく、日本の近代化を担った時代の象徴を復原することにつながると思います。

　東京駅丸の内駅舎は、JR東日本という組織のシンボルとして修復されるとともに、東京という都市全体のシンボルとしても、整備されつつあると考えられます。

　歴史的な由緒ある建物が、継承されたということ、都市の新象徴としての建物が生きつづけられたという意味で、この東京駅の保存・復原は、非常に有意義なものであったと思います。

図2　復原されたドーム部分

図3　ドーム内部見上げ

2. 八幡浜市立日土小学校がワールド・モニュメント財団／ノール・モダニズム賞を受賞

　平成24年（2012）10月に、アメリカのワールド・モニュメント財団（WMF）が八幡市立日土小学校（愛媛県八幡浜市）を「ワールド・モニュメント財団／ノール・モダニズム賞」に選んだと発表しました。

　ワールド・モニュメント財団とは、歴史的建造物などの保護・保全活動を行っている団体で、保存・修復・再生に大きな役割を果たしたものに、隔年にこの賞を顕彰しています。欧州以外の建築の受賞では日土小学校が初めてでした。

　日土小学校は、切り妻屋根の木造2階建てで、中校舎（1956年）、東校舎（58年）の2棟で構成されています。教室と廊下を分離したクラスター型教室配置を採用し、教室の両面採光の完成形とされていました。

　木造とスチールを組み合わせたハイブリッド構造で大空間と開放的な外観などを実現しております。設計は八幡浜市土木課建築係に勤務していた建築家の松村正恒（1913〜1993年）が手掛けました。

　文化財としての価値を尊重し、当初の状態に戻しながら、耐震補強や新西校舎の建設などが行われ、2009年6月に再生工事が完了しました。

　今回の選考では、建築設計の独創性・革新性に加え、地域社会と向き合った修復・保存活動の内容や業績が、取り壊しや放置という危機に見舞われる世界のモダニズム建築の保護・保全の良い見本になると評されました。

　本書の事例でも詳しく取り上げてありますが、日土小学校は2012年の日本建築学会業績賞を受賞し、重要文化財（2012年）にも指定されました。

図4　「日土小学校と松村正恒展」図録の表紙
　　　（2011年の展覧会の冊子）

図5　日土小学校受賞を報じた記事。『日刊建設通信』2012年10月5日

3. 最近の保存運動の動向

　私が40年間保存運動に取り組んできたなかで、最初の頃と最近の保存に対する世論というか、風当たりは、随分に変わってきたという感じがあります。

　最初の頃は、そもそも文化財として残すに値するのは、法隆寺などの神社仏閣、それに江戸時代までの古民家程度でした。それ以外の近・現代のものは、「もともと実用的な建築なのだから、そんな物、古くなったら取り換えるのが当たり前です」と言われつづけていました。それが徐々に近・現代の建物でも、その時代を映す文化的な証人なのだということが、理解してもらえるようになってきました。

　それと同時に、最初の頃は、外観が残ればいいという考えが強くありました。ですから、それが活用とも関係してくるのですが、外見は元のとおりにすれば、中は全部取り換えてもいいでしょうとか、極端に言うと、同じ格好に造ればレプリカでもいい、というような発想が多くて困りました。

　それが、建物全体の中にいろんな意味でデザインとしても、技術的にも、それから使い方の特質の中にも、その時代の文化というのがあるのだから、それを残すことによって、ある時代が次の時代に伝えられていくのだという認識がされだしました。次第にそういう全体的な意味が理解されるようになってきたように思います。

　日本における近代建築の保存運動は、大変苦しい経験をしてきました。そのなかで何件かが残って、今ようやく東京駅とか、日土小学校とか、かなり脚光を浴びるようになり、社会の世論が変わっています。それが後世、次の世代の方々がもっと運動しやすくなっていくのではないかなと思います。

図6　「山本有三記念館」冊子の表紙

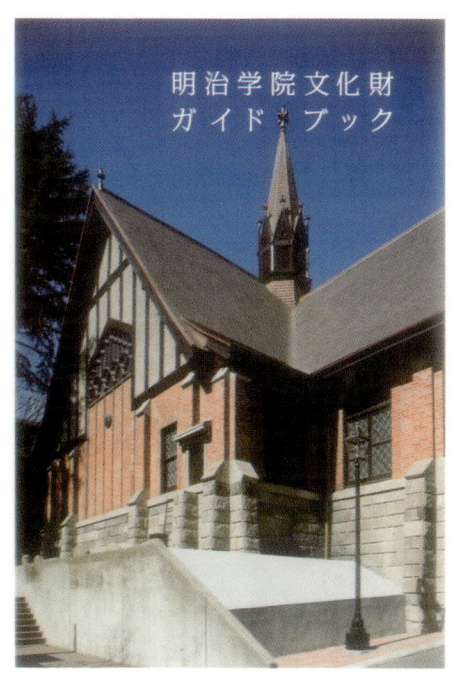

図7　「明治学院文化財」ガイドブックの表紙

II 文化財の種類と保存の考え方

1. 日本における文化財の種類

過去の遺産の重要性については、誰でも考えるところです。都市の遺産を保護するシステムは、国宝や重要文化財という形で、価値判断の方法は確立してきました。

文化財というのは、文化の財産という意味であり、**国宝**と**重要文化財**という、いわば重要度によって区分される大きなカテゴリーになります。国宝とは、ナショナル・トレジャー（national treasure）のことであり、重要文化財とは、インポータント・カルチュラル・プロパティー（important cultural property）で、文字どおり重要文化財ということになります。

ただ、法隆寺や日光東照宮と同じような考え方で、近代以降の建造物を、国宝、重要文化財という分類で考えていくだけでは、とてもカバーできません。近代以降のものは、大量にあり、多様なものがあり、大規模なものがありますから、国宝、重要文化財だというカテゴリーだけで未来につなげていけばよいというわけにはいかないのではないのではないか、という考え方が出てきました。

図8　法隆寺金堂

図9　日光東照宮

登録文化財

そこで、文化財の裾野を広げる発想として出てきたのが、**登録文化財**という考え方です。それまでの国宝や重要文化財は、もうこれは動かすことができないもの、ぜひしっかり残していこうというもので指定文化財になります。

指定文化財は、これは国が指定をしてその保存・継承に責任を持ちます。明治以降の建物の中でも、つい最近、赤坂離宮迎賓館が国宝に指定されました。明治以降の建物が国宝に指定されたのはこれが初めてです。それ以前に、国宝で一番新しかったものは、長崎の大浦天主堂で、木造のゴシック様式で、明治建築にみえますが、実は江戸時代のものでしたから、明治以降のもので、国宝はなかったのです。

一方、国宝とか重要文化財だけを指定していけばよいというものではなかろうと、登録文化財という考え方が10数年前に出てきました。登録というのはリストに載せるという意味ですから、指定よりは少し緩やかに、注意を喚起していこうという考え方です。それによって、大量にあって非常に多様な建造物も、ある程度カバーすることができます。登録文化財を壊してしまうときには届け出てもらって、ちょっとみんなで考えよう、というような制度です。

重要文化財になったら、基本的には壊してはいけないのですが、登録文化財というのは、持ち主の都合でどうしても壊しますといったら仕方がないというもの、そうした許容度を持っているものです。

実際にも、和風の旅館、造り酒屋の建物が、かなり登録文化財になっていますが、和風の旅館がどうしても立ちいかなくて店をたたんだとか、造り酒屋も結構つぶれていくところも多いのですが、そうなると建物も壊しましたというのが出てきます。

こういう経緯は致し方ないものだとしても、文化財として、できるだけ幅広く、網をかけていこうという方針は近代の都市あるいは近代の文化的遺産に対する、一つの考え方となってきました。

図10　赤坂離宮迎賓館

図11　大浦天主堂

無形文化財

もう一つのカテゴリーとしては、有形の文化財に対して、**無形の文化財**をできるだけ重視しようという考え方があります。これは日本が世界に先駆けて、昔から意識してきた考え方です。

例えば、お祭りであるとか、おはやしなどを重要民俗文化財、無形文化財という形に指定していて、これはパフォーマンスそのものを受け継いでいかなければなりません。そうした意味で大事なものであり、それを無形文化財というカテゴリーで指定します。

人物でそうした技能や技を持っている人も無形文化財や重要無形文化財に指定します。すなわち人間国宝ですが、こうした無形文化財に対する遺産の考えはむしろ、日本が進んでいて、世界がだんだん取り入れるようになってきました。

ユネスコの世界遺産

世界遺産には、文化遺産、自然遺産がありますが、無形文化の遺産もまたユネスコが設け始めてきて、日本では例えば能楽などが無形文化遺産としてリスト化されています。そのように、形のないものをも、文化遺産として考えていこうという動きが出てきています。

もう一つ、最近の考え方にふれておきたいのですが、先ほど文化遺産、カルチュラル・プロパティー、文化の財産という考え方があるということを述べましたが、最近では**文化資源**という言い方があります。これはカルチュラル・リソース（cultural reso-urce）、すなわち資源です。

ヒューマン・リソース（human resource）というと、人的資源です。会社がうまくいくか、いかないかは、人材、ヒューマンリソースをどう確保するかだ、というような言い方で、リソースという言い方をしますが、文化も一種の資源です。それをカルチュラル・プロパティーというふうに考えますと、「お宝」だからお蔵に入れて、大事にとっておかなくてはいけないという発想がどうしても強くなりますが、資源というふうに考えると、それをいかに生かしていくかという発想が表に出てくるようになります。そうした意味で、カ

図12　神田明神の神田祭り

ルチュラル・リソースという考え方によって、こうした文化資源、文化遺産を考えていく立場が強くなってきていることは、近年の大きな傾向といってよいと思われます。

文化的景観

文化資源として活用すべきものを、もう少し広く捉えていく流れの中で、出てきたもう一つの概念としては、カルチュラル・ランドスケープ（cultural landscape）という考え方もあります。これは「文化的景観」と訳されていますが、ちょうど無形文化財と有形文化財の間にあたるといっていいでしょう。

有名なものとしては、日本では方々に棚田というものがあり、あれは毎年毎年棚田を耕しているから棚田が守られていくわけで、そこへ名月が昇ってくると田ごとの月が見えるという具合に、いろいろと素晴らしい景観が生まれます。いわゆる文化財というのとは幾分異なりますが、やはりカルチュラル・ランドスケープ、文化的景観というものも大事にしていきたいわけです。

ただし、それを維持したいのであれば、人は同じような活動をしていかないことには守れないわけですから、文化としての資源を存続させるためには、常に活動していないといけない、というようなことが意識されてきています。ただ、意識したから解決するかということではなくて、逆に言いますと、その困難さも意識されるようになってきているのです。

2. 建造物の保存の考え方
ヨーロッパにおける保存の考え方

文化遺産、あるいは文化財、あるいは文化資源というものを位置付けし、継承して、未来につないでいくということを考えたときに、文化財なり文化資源なりの、本質をきちんと伝えなければ話にならないだろうというのは当然のことです。

例えば、大事な「お宝」があるからというのでお蔵に入れて置いておいたら、虫に食われたというのでは残したことにはなりません。ものが、きちんとそのものとして伝えられなければいけないということから、文化財を継承するときには、その本質を継承しなく

図13　棚田

てはいけないということが言われるようになってきました。

継承されるべき本質を示す概念にオーセンティシティ（authenticity）という言葉があります。このオーセンティシティというのは大変に訳しにくい言葉で、「真純性」とか「真正性」と訳すことがあります。しかしどうも座りが悪くて、オーセンティシティという言葉そのまま使うことが多いようです。

オーセンティシティ

「オーセンティシティ」とは、どういうものかといいますと、都市の遺産、建物などを考えるときに、同じ建物が残っているといっても、昔と今では全然違ってしまっているかもしれません。歴史的には、1964年にイタリアのヴェネツィアでこのオーセンティシティという概念を整理する会議があって、そのとき四つの要素に整理されてきました。

オーセンティシティの保持は、（1）材料、（2）デザインと、それから（3）技法と（4）場所が変わってはいけないという考え方です。つまり、ある建物が残っている、でも材料が変わっている、昔の建物が何かプラスチックの板を使って屋根が変わっていたりしたらだめだということです。それから同じ建物があるといっても、何だかだんだん年が経つにつれてデザインが変わってしまって、修理のたびに変わってしまっているようではいけないわけです。

技法についても、昔の建物がずっと残っているといっても、その昔は木を組んでいたものがくぎ打ちになったりしていたらいけない、というようなことです。場所についても同様で、昔の建物が残っていても場所がずれてしまったらいけないということです。こうした教えが1964年にヴェネツィアで整理されて、「ヴェネツィア憲章」にまとめられました。

日本建築における保存と継承のすがた

ヴェネツィア憲章における「オーセンティシティ（真純性）」の考え方は、突き詰めるならば「材料、デザイン、技法、場所が変わることなく継承されつづけることだ」ということになります。しかしながら、木造建築に

図14　サン・マルコの外観

図15　サン・マルコの内観

よる文化を形成してきた日本のような文化圏では、文化遺産の継承のあり方には、西欧文化とは異なる姿が現れてきます。そこで、わが国のような木造建築文化における文化遺産の継承のすがたを思い返してみましょう。

(a) 現物の保存

古い建物がそのまま残され、継承される事例です。現存最古の木造建築などといわれる法隆寺や姫路城などがその例といえるかもしれません。これは西欧における文化遺産と比較しやすい例だと思います。しかしながら法隆寺であってもその歴史のなかで屋根替え、木材の取り替えなどが各所で起きています。木造建築の維持には、材料の保守のための交換という作業が不可欠なのです。

(b) デザインだけの継承

かたちだけを模して継承する手法です。鉄筋コンクリートによる現在の大阪城天守閣はその例といえます。大阪城の場合、内部にはエレベーターなども設置されていて、現代的な活用を前提として外観だけを再現するというかたちをとっています。

(c) 復元と復原、ふたつのかたち

これは失われてしまった建築を元のすがたで作り直すことです。登呂の遺跡を発掘して、竪穴式住居のすがたを想像して復元するというのがその例です。また、2012年に竣工した東京駅の工事は、戦災ですがたを変えてしまった駅舎を、建てられたときのすがたに戻す作業です。これは復原と呼ぶ手法になります。

(d) かたちと技法の継承

「オーセンティシティ（真純性）」の考え方のなかで、デザインと技法だけを継承するという手法があります。いいかえれば材料と場所は変わるということです。この例は、伊勢神宮の式年遷宮と呼ばれる行事で、伊勢神宮は20年ごとに隣りあった敷地に同形・同寸で社殿を建て直します。すがたは同じですが、社殿自体は新たに生まれ変わるのです。これは極めて特殊な継承法と

図16 姫路城天守（西小天守・大天守）

図17 大阪城天守

いえるかもしれません。

移築というかたち

　木造建築は、解体して移築することができます。例えば茶室などは全国各地に移築された例が見出されます。その典型的な例は、如庵です。

　国宝の茶室如庵は、織田有楽が京都建仁寺の土岕頭正法院に営んだ茶室です。明治維新後しばらくは京都に残されていましたが、明治41年に三井家に売却され、東京都心の今井町に移築されました。しかし昭和13年、三井家大磯の別邸城山荘に再度移築され、昭和45年に名古屋鉄道の所有となり、岐阜県の犬山市内に移築されています。

　如庵の場合、場所が変わっても、建物の移動とともに文化的遺産としての由緒は継承されると考えられてきたのです。

　また、聚楽台の遺構と称する建物が京都にはたくさんありますし、御所から拝領した建物であるというようなものも京都で方々に見られたりします。建物を解体してよそへ持っていくというのは、それほど不思議なことではありません。そうすると、場所が変わったらもう同じ建物と言えないのかというと、日本人はそう思わないのではないでしょうか。

　日本的な継承のあり方が、徐々にいろいろ議論されるようになり、ヴェネツィアでの会議から30年経ったとき、奈良で1994年に会議が開かれましたが、そのときオーセンティシティという概念をかなり広げました。継承されるべき本質をどうとらえるか、文化によって、もう少し許容度を広げてもよいのではないかというところに、国際的には考え方が広がってきています。

図18　如庵南面

図19　如庵　床脇の斜壁

Ⅲ 文化財保存における記憶と想像力の契機

1. なぜ残したいのか

文化財保存のために、さまざまな考察・提言・運動・法制化がなされています。この問題に関しては、唯一完璧な解を見定めることはおそらく不可能であり、むしろあらゆる考察を加えることにより、多様な解法を可能にすることが望ましいと思われます。

ここでは建築物の保存に関して、建築論的立場からの基礎的考察を加えてみましょう。

基礎的考察とはいえ、文化財保存においてはもっとも根本的な出発点である「なぜ残したいのか」という問題から出発しない限り、いかなる対応策も基盤を欠いたものとなります。建築の保存は往々にして力関係による解決を計りがちになり、ひいては対応策の幅自体をせばめてしまうことになります。

いかなる建築物も、実用性すなわち道具的有意義性を備えたものとして建設されます。建築物がもっている道具的有意義性が、変質・消滅した時点で、保存問題は発生します。実用上何の支障もなく建物が使われている場合には、その建物が保存の対象として問題視

図 20　西洋美術館

されることはありません。時代の移ろいとともに道具的有意義性が低下した建物、新たな開発計画と対比したときに、低い道具的有意義性しか持ちえない建物が、その存在自体を問われる時に問題が表面化してきます。その際ある場合には、存続のために何らかの対応を呼び起こす建築物があります。そのような建物が本来文化財と呼ばれるものです。そしてまた、保存問題がおきていない建物であっても、潜在的にそうした力を秘めている建物を文化財と考えることができます。

ところで保存問題が発生し、対応策が呼びおこされる場合、大きく二つに別けられる対応策が考えられています。それは次の二方向です。

(1) 新たな道具的有意義性の付与：改造、文化会館化、観光資源化など。
(2) 文化的な価値的有意義性の強調：指定文化財、社会教育史料、環境形成要素などとして保全。

このそれぞれについて、建築的・経済的・法的な具体策を考えることは重要ではありますが、そうした技術的な処理のみで保存問題のすべてが成立しているわけではありません。「なぜ、わざわざ前記の（1）、（2）のごとき手段を講ずるのか」という点に基礎的考察を加えることが、具体的方策を決定するために大きな役割を果たします。同時に、保存問題の対象となっている建物は、道具的有意義性を変質・消滅させているだけに、従来、いわく言い難いものとされてきました、実用性を超えた次元での「建築存在」に近づいていると考えられます。以上の二点が、文化財保存問題に建築論的な基礎的論考を加える理由です。

2. 建物に秘められた全体性

建物が道具的有意義性を変質・消滅させた時に、まず個人的な愛着、思い出、また歴史的な事実・エピソードとのつながりなどによってひきおこされる「残したい」という気持があります。また、その建築が歴史的連続性の中で重要な位置を占めている（歴史的史料）という事実に対する認識が、保存へと人

図21　日土小学校

を駆りたてます。

そうした場面にあっては、建物の中に刻みつけられている歴史的事実・思い出などが我々に極めて大きな意味を持ち、我々がその重要性を認めるがゆえに、建物自体をも保存しようとするのです。つまり建物は歴史的事実・思い出などを保証するもの（史料）として保存されるわけです。これは歴史という形で現在にいたっている文化体系にその建物が結びつき、その一環をなし、その例証となっており、同時にわれわれがその文化体系を既知の体系、そしてそこに我々が組み込まれた体系と感ずるという、二つの理由から成立する保存論といえます。特に重要なことは、もっとも素朴な形の保存への熱意にはその建物にまつわる記憶に対する愛着があり、そうした記憶を霧消させないために建物を残したいという発想があることです。

歴史上の有名建築を保存しようとする感情も、同様の構造をもつ場合が多いのです。これは、我々の記憶の集積としての文化体系（これを我々は「歴史」として所有する）と建物の間に、我々が対応関係を認めたところにおきる保存論のメカニズムであり、記憶の契機がここでは主たる役割を果たします。

しかしながら道具的有意義性を変質・消滅させた建物は、保存策を講ぜられる以前においても、次のような存在のしかたをしています。すなわち、現存する遺産として、現在に至るまでの文化体系を具現（リアライズ）する、あるいは文化体系に修正をせまる、そうした例証としての存在です。これは、我々が建築物を見たり使ったりすることによって、結果としてひとつの文化体系の姿を現出させていくということに他なりません。この作用は、その建物がその時点で道具的有意義性を変質・消滅させている以上、建物を現実の姿において知覚するというよりも、想像のメカニズムをはたらかせた建築物把握の作用であるといえます。

そしてこの作用こそ、もっとも自発的で健全な価値的有意義性付与のメカニズムです。かかる想像のメカニズムを誘発するものとして、文化財は本来定義されるべきものです。ここで言う文化財は＜物それ自体＞としての全体性を保持したままの建物であり、そこからはさまざまな価値的意義性をひき出す可能性が依然として保持されています。

図22　国際文化会館

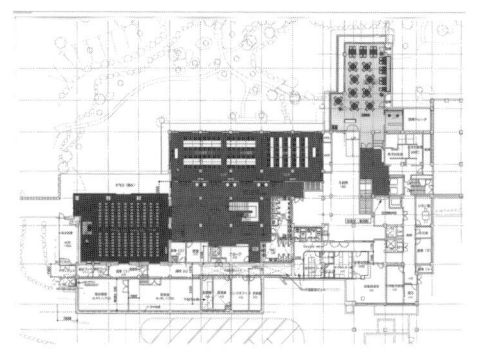

図23　国際文化会館再生プロジェクト

3. 意識の中で共有されるか

ここに述べてきたことは、文化財としての建物に対する我々の意識には記憶の契機と想像力の契機という、二つの契機が認められるという事実です。これは文化財が＜構成される意味の歴史＞としてあらわれると同時に、＜構成する主観の歴史性＞としてもあらわれるという、二様の態度を自在にあらわすこととして説明できます。この解釈を妥当と認めるならば、文化財を存続させる（保存させる）手法に、極めて大きな可能性をひらくことができます。

記憶の契機を重視する観点からは、正確な歴史像を結びうるべく、厳密な史料批判（凍結あるいは復元）を行なうことの重要性が認識されます。想像力の契機を重視する観点からは、現在の文化の断面として現実を豊富化する要因として文化財を位置づけることが可能となります。もちろん、想像力を出発点として、建築を歴史的な知的探究の対象とする方向があるわけですが、あえて言うならば、文化財は史料としてのみ存在するのではありません。確かに建築史学が民家あるいは明治以降の建築物にその学問領域をひろげ、そこに学的成果を確立したことが、それらの建物の保存に対しても大きく寄与したのは事実です。そしてその際、史学的方法論は、対象の過去時における存在形式の追求をその主要な目標としています。しかしながら、建築史学の学問対象である建築物は、過去時における創造物であると同時に、現在における存在物でもあります。

それ故に過去の建築物が現在どのような意義をもつかに関して、史学的方法論のみによってすべてを解き明かすことはできません。

保存事業は、過去の建築物を現在に結びつける行為であるだけに、史学的判断のみによって保存が決定されるとするならば、そこに欠落部分を生じさせてしまう恐れが多分にあると言わざるを得ません。そこで、保存問題はしばしば開発行為と対置する形でとりあげられます。とは言うものの、保存問題を単に開発行為との対立の中でのみ捉える視点は、道具的有意義性の対立軸で捉えがちになり、対応策も文化財の新しい道具的有意義性

図24 東京文化会館

図25 竣工当時の旧三菱一号館

さがしに限定されがちになります。この点を補うものが建築論的考察であり、ここに述べてきたような、建物の存在のあり方の分析がその出発点となります。

　保存策が成功するためには、何らかの形でその文化財が我々の意識の中で共有されなければなりません。そのためには既知の歴史的記憶に建物を結びつけるだけでなく、ひとしく我々の想像力に訴えかける存在としての建物のあり方を解明する必要があります。文化財保存問題に対して建築論的考察を加えることは、建築一般の存在構造を解明する手がかりとしても意味深いものです。

　そもそも建築存在（誕生）への意義づけが設計論であるならば、建築存在からの意義（存在意義）のとらえ返しが存在論（保存論）であり、この両者が相俟って建築論は構成されます。そうした保存論に立脚した政策論が展開されることが望ましい。こうした建築論構築の方向の欠如が、日本の近代建築の史的性格として指摘されうるし、そのことが文化財の保存を一層困難なものにしていると思われるからです。

図26　誠之堂

IV 歴史的建造物の活用と開発

1. 文化財の活用について

　建物が残されるということは、やはり活用が素晴らしい形でなされているから保存されるわけです。活用されないことには、保存自体がむずかしくなってきます。

　奏楽堂は音楽ホールとして随分活用されていますし、東京駅も、日土小学校も、ほかの建物についても、残されるということは、要するに、次の生きる道が見つかったということで、やはりそれは使われ続けるということです。柵をして閉じたまま残していくというわけにはいかないし、そういう形のものだったら、初めから残らないのです。

　つまり、残したいということと、ほとんど同時進行で、そのためにはどういう使われ方があるだろうかということを考えないといけないのです。「こういう形で残したい」という目標がはっきり示されて、保存運動がうまくできるのです。

　保存の手段を講じたうえでの活用は、歴史的遺産を現代社会と結びつけ、過去の遺産を我々に理解させてくれるのに役立ちます。歴史的建造物は、ただ鍵を掛けて空き家のまま

図27　保存・活用されている明治学院大学キャンパス内の建築群

で保存しておくにはあまりに大きな財産であるし、そんな形で保存だけしていたとすれば、実際には、それは保存しているとすら呼べない状態なのです。

保存的活用には、さまざまなものがあります。歴史的な建物が昔ながらの使われ方で、同じように使われつづけているなら、それは保存的活用そのものです。文化財建造物を郷土資料館にする、民家を郷土の偉人の顕彰施設にする、あるいは入場料をとって内部を公開するだけでも、その建物を活用していることになるかもしれません。ある場合には、ホテルに使ったり、集会場にしたり、レストランになることもあります。そうした場合には、保存とよべる場合もあれば、破壊的利用、消費的利用となる場合もあります。その建物の始めからの機能との関係、立地、規模、構造などによって、ケース・バイ・ケースで判断されるべき問題だからです。

[活用とオーセンティシティ]

活用することに片寄りすぎて、つまり使い続けるための改造をやりすぎて、「ただ残すことができればいいでしょ」というような感じになってはいけません。オーセンティシティとか、いろいろな価値の話が出てくるのは、それを使い続けるときに、そのもともとの建物の価値を損なわずに、その新しい使い道が見つけられるかということだと思うのです。

例えば、しゃれた西洋館を分解・解体して、暖炉と飾りの柱をバーのインテリアに使ったり、グラスファイバー製のローマ風の柱を並べて、結婚式場をつくるのは、保存的活用とは考えられません。また、茶室にベニヤ板を打ち付けて物置にしたり、古い民家をすべて洋風に改造して住むのも、活用ではあるかもしれませんが、保存とは言いがたいでしょう。使いやすいように勝手に改造したり、使っていればよいのだとばかりに、建物を単なる物理的構造物としか見ないならば、そこには保有しようとする精神があるとは認められません。

図28　明治学院大学竣工直後の外観

図29　甲子園ホテル

2. 歴史的建造物の活用

　歴史的建造物を活用するときには、守らなければならない一線があるはずだと、誰でも思います。国際的には、こうした守るべき一線の判断基準のことを、オーセンティシティとよんでいます。

　これまでしばしば「保存」に対置するものとされて捉えられてきた行為は、「開発」でした。「活用」を一歩進めれば「開発」にいたるとも考えられますので、歴史的建造物の活用を考える際には、開発という問題も視野にいれて議論をしていかなければならないでしょう。

　保存と開発を巡っては、その両者の接点を求める議論や、保存と開発を調和させる試みが、これまで何回もくりかえされてきました。しかしながらその多くは、保存と開発はあたかも両立するかのような幻想をふりまくものであるか、巧妙な開発擁護論であるか、あるいは対立する問題点の指摘だけを行なう評論家的議論にすぎませんでした。

　ここでは、保存と開発という二項対立の図式を避けて、活用という概念を両者の媒介項に据えてみましょう。すると、保存的活用に対して、活用的保有、活用的開発というふたつの可能性を対置できるのではないかという展望が開けてきます。

　保存的活用がもっともオーソドックスな保存策だとするならば、活用的保存や活用的開発は、そこから多少踏みだした行為ということになります。けれどもそうした行為のもつ意味を考えることは、将来の保有のための極めて有益な示唆を与えてくれることにつながるでしょう。

　保存的活用と、活用的保有、活用的開発は、それぞれ最終的目標が異なる。保存的活用を考える際には、歴史的調査と具体的目標の厳密な設定とが充分になされ、定められていなければなりません。それなしには、いかなる具体的計画も成り立たないでしょう。けれども、歴史的建造物を保有していくためには、どうしても将来の管理運営計画を立てておかねばならず、そのためにはその歴史的遺産の活用計画がなされなければならないのですから、保存は活用計画なしに成立しないのだという事実を銘記しておかなければならないで

図30　原爆ドーム

しょう。

　あえて一歩をすすめるなら、大都市内の歴史的建造物については、活用計画が保存そのものの成否をきめてしまうのですから、保存の手法自体にも、弾力性が求められて然るべきなのかも知れません。いわば、活用の側から、保存を考え直すのです。それはけっして、過去の遺産を消費し、役に立つものだけを残すという功利主義につながるものではないはずです。「保存あっての活用」という初心を忘れなければ、道は開けるのではないでしょうか。最近確立された文化財の登録制度も、多数で多様な遺産を守るための手法としてだけでなく、幅広い活用計画を可能にするための制度として吟味しておく必要があるのではないかと思うのです。

歴史的建造物を保存活用する動き

　戦後五十年を迎えて、文化庁では近代の文化遺産の指定の枠を広げる方向での見直し作業をはじめ、終戦のころまでの近代遺産を国として文化財に指定する方策を立てはじめました。広島の原爆ドームが国の史跡に指定され、ユネスコの世界文化遺産に登録されました。これは戦後の歴史をはっきりと残していこうとするものです。

　これまでほとんど追加指定されることのなかった国宝建築物に、奈良の正倉院と、富山県高岡市の瑞龍寺が指定されたことも、興味深い変化でした。正倉院は奈良の建築遺産を世界遺産に登録するためになされた措置です。これまで正倉院は宮内庁の監理下の施設なので何の文化財指定も受けていませんでした。また瑞龍寺は江戸時代の寺院建築であり、国宝の指定の幅が拡がり始めたことを感じさせる動きです。

　いまや、明治の迎賓館が国宝になっていることは、よく知られることです。

3. 近代建築の継承
近代建築の継承にも新しい動き

　明治生命館や三井本館といった、大型の都市中心部の近代的オフィスビルが重要文化財の指定を受けたことが注目されます。指定には所有者の同意が必要であり、その理解がなければ指定は成立しない。都市の文化としての建築を継承しようとするオーナーがここに

図31　正倉院正倉正面

図32　瑞龍寺仏殿

は存在するのです。

また1998（平成10）年にはル・コルビュジェの設計で知られる東京の国立西洋美術館の増築工事が完成しました。本館は免震構造の採用によって保存が計られ、建築保有の新しい手法の適用として注目されました。今後この手法による保存は増えていくと思われます。

別の試みとして、第一勧業銀行（現在のみずほ銀行）が所有していたレンガ造の建築である誠之堂と、コンクリート造である清風亭というふたつの建築が、東京の瀬田から埼玉県深谷市に移築されて再建されました。これは壁体を大きく切断して運ぶという、茶室の移転に用いられる「大ばらし」にちかい新しい試みによる移築保有で、建物の引受け先である深谷市と工事にあたる清水建設との熱意によって実施にこぎ付けたものです。ここには、ふたつの建物が建っていた「場所」そのものを移そうとする意図があります。

その一方で、1997（平成9）年には、東京駅前にあって東京のシンボル的存在であった丸ビルが解体されて姿を消しました。貸ビルとしての安全性、収益性の問題から建て替え計画が決まったものです。

丸ビルの取り壊し以外にも、旧国鉄本社ビルの売却や日本工業倶楽部の再開発計画など、都市の歴史を消去するような動きが目立ちます。特に丸ビルは、わが国の都市型オフィスビルの先駆であり、戦前における時代のシンボルであっただけに、その取り壊しはひとつの時代の終わりを感じさせます。

日本には、歴史的な都心の景観はついに生まれないのではないでしょうか。こうした動きが顕在化するのは、経済状況の悪さと深く結びついた現象です。これを我々は仕方のないことと考えがちであるが、じつはこれは都市や建築や文化が、経済状況の支配下に置かれていることを暗示しています。

いま、ライトの帝国ホテルが現地に残されていたら、国際的な文化観光の対象になったと思われると、当時の印象的な「孔雀の間」を覚えている人たちは語ります。帝国ホテルの保存運動は、近代の建築もまた都市の中の重要な文化遺産なのだという意識をもたらした点で、画期的であったと思います。

図33　旧丸ビル

図34　帝国ホテル正面車寄せ

[国の保存に対する姿勢]

　保存の流れというのは、最終的には国が制度的に守っていくという形になるわけです。その意味では重要文化財という制度は、すごく大事だと思います。国が保存を重視する政策を打ち出すには、いろいろハードルがあるようです。昭和の建物で最初の重要文化財になった明治生命館のときも、どのような形で残すことができるのかという議論もあったのですが、残すためには、やはり新しい超高層と組み合わせて残すというような考え方が出てきたわけです。

　昭和の建築も文化的な価値があるとことが認められると、次々に昭和の建築も重要文化財になっていきます。そして次の戦後の建築はどうなっていくかというと、例えば、広島の平和記念公園や広島の聖堂などが重要文化財になってから、次々と戦後の物も文化的な財産なのだということが理解されるようになりました。

　今一番新しい保存に対する姿勢が現れているのが、日土小学校で、戦後の木造建築でも文化的な遺産だということが認められました。これからも保存の可能性は広がり、その中で活用の仕方も、それから具体的な残し方もさらに多様になっていくのだと思います。

　歴史的な建物は、人と地域に潤いと安らぎを与えるものだと思います。

　復原された東京丸の内の駅舎の前で、記念撮影をする人たち、ドームを見上げて歓声をあげている人たちを見ていると、静かな喜びが浮かびあがってきます。

図 35　1976 年以降、消えた建物群（本書の 92 ページにカラー写真で再掲載しております。）

事例

1. 旧東京音楽学校奏楽堂　　　上野の杜に残った奏楽堂　　　026
2. 三菱一号館　　　街の象徴として歴史を再現　　　032
3. 迎賓館赤坂離宮　　　明治建築の最高傑作が国際舞台で活躍　　　036
4. 銅御殿（旧磯野邸）　　　都市の中に文化財のぬくもりを　　　040
5. 東京駅丸の内駅舎　　　日本で一番美しい駅舎が甦る　　　044
6. 明治学院インブリー館・礼拝堂・記念館
　　　アイデンティティーとしての歴史的建築　　　052
7. 旧朝倉家住宅　　　都会の一等地に残る大正の和風住宅　　　058
8. 誠之堂・清風亭　　　移築の最高技術を生み出した情熱　　　062
9. 青淵文庫・晩香廬　　　先人の成果を大切にした保存　　　056
10. 帝国ホテル旧本館・ライト館
　　　日米をつなぐ保存運動の原点　　　070
11. 山本有三記念館　　　文化人の残した遺産を活用する　　　074
12. 旧日向別邸　　　プライベートな空間が公共のものへ　　　078
13. 八幡浜市立日土小学校　　　国際的評価を受けた保存活動　　　082
14. 国立西洋美術館　　　歴史的建築と最新技術の組合せ　　　088

旧東京音楽学校奏楽堂
上野の杜に残った奏楽堂

東京芸術大学の再開発計画

　昭和50年頃、東京芸術大学の音楽学部の再開発計画がもち上り、新しい奏楽堂を建てるので、ついては旧い奏楽堂は取り壊すという話が出てきました。

　その頃「上野の杜の会」という、上野公園にある建物をみんなで勉強して、レポートし合う勉強会があり、メンバーに東京芸術大学の前野まさる先生がおられました。

　一方、音楽家の中で「七人の侍」という会があり、東京芸術大学出身の音楽家の方々も、奏楽堂は自分たちの故郷みたいなものですから、それを何とかしたいと声を上げられた方々がおられました。

　音楽家と建築関係者とが一緒になって、保存に向けての活動を始めたのです。黛敏郎先生と芥川也寸志先生などというネームバリューのある方々が、運動の顔として動いてくださいました。

図1　旧東京音楽学校奏楽堂

保存運動の始まりと拡がり

　前野先生は芸大の中におられるから動きにくいということもありまして、私は音楽家について行くという感じで、いろいろなことをやりました。普段は、音楽家の方々とは、ホテルオークラのロビーで、よく打ち合わせしました。音楽家は、あまり建築などというものには興味はないのではないかなと思ったのですが、意外や意外、木造のこのホールに大変愛着をもっていて、自分たちの若いときに活動した、その場所を残してほしいと積極的に応援してくれました。

　昭和55年（1980）に、「奏楽堂を救う会」が発足しますが、その事務局長に桐朋学園大学の寺西春雄教授が就任されました。黛先生や芥川先生が超多忙だったので、寺西先生は事務局長として本当によくやってくれました。こうして次第に、奏楽堂の保存運動は、東京芸術大学の卒業生だけではなく、音楽界全体が動き始めました。また、ジャーナリズムのほとんどが「奏楽堂を救う会」を支持し、それが力強い支えとなりました。

「奏楽堂は上野の杜に」

　保存するに当たっては、愛知県の明治村に移転するという話も出ました。しかし、残すというなら、その場所で残したいわけです。それがかなわないとなれば、せめて上野の杜に、という思いがありました。

　同じように、荒川区の日暮里の駅前にも残せるかもしれないという話がもちあがりましたが、「やっぱり上野の奏楽堂なんだよね」という気持ちでした。結局、奏楽堂は上野の杜に残せないかということで、「奏楽堂は上野の杜に」というのが最後のスローガンに

図2　断面図

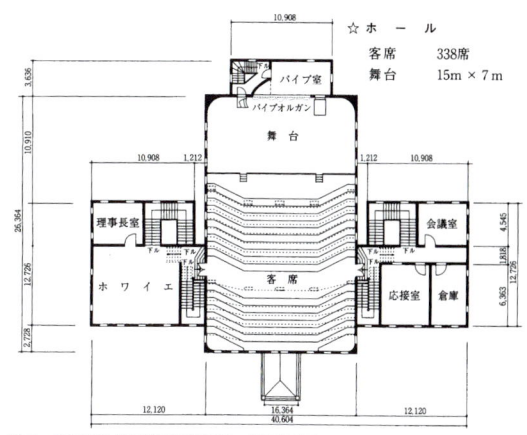

図3　旧東京音楽学校奏楽堂2階平面図

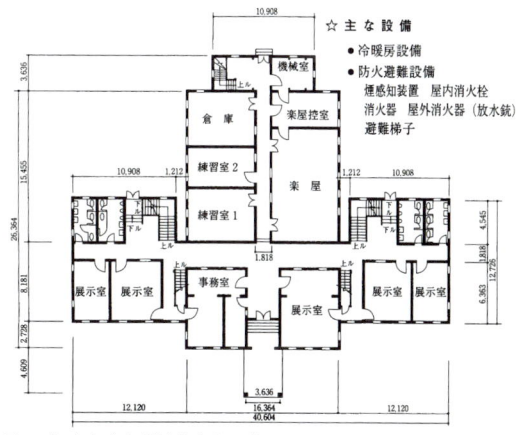

図4　旧東京音楽学校奏楽堂1階平面図

なったのです。

最終的には、地元台東区の当時の内山榮一区長さんが動いてくださって、「上野公園の一角に移しましょうか」ということに決まっていったというところです。

移築していく作業の中で

工事が始まって、奏楽堂の壁の中に石が詰めてあったり、もみ殻が詰めてあったり、要するに音響的に壁をできるだけ重くしようという配慮なのか、いろいろな工夫らしきものがあり、面白いなと思う発見がありました。

それから、オルガン自体は、紀州の徳川家から寄贈していただいたものですが、そのオルガンとの取り合わせの再調整のような問題とか、実際の修復工事になってからもいろいろな発見や苦労もありました。

図5　パイプオルガンのある舞台

図6　舞台

奏楽堂のこれから

　奏楽堂は、移転してからおよそ25年を経ていますので、移築をしたときには一応新品同様にするわけですが、改めてもうそろそろ手入れをするサイクルに入ってきているのだと思います。

　定期的に、小修理、中修理、大修理をさまざまに計画していかなくてはいけないでしょう。まさしくそれが生きつづけるサイクルだろうと思っています。

　小さな改修と、きちんとした定期的なメンテナンスなどはやっていますが、そのうえで、屋根周り、軒周り辺りから普通傷みが始まりますから、屋根替え、軒周りなどは特に配慮が必要です。それを機会に少しホール全体の、椅子をゆったりにするなどいろいろなことを考えていかなければなりません。私は、これからも見守っていきたいと思っております。

図7　天井との間の方杖

図8　ホール客席に通じる階段

図9　舞台から客席を見る

後日談として

　新しい奏楽堂は、岡田新一氏の設計で、平成10年（1998年）に完成しましたが、その新しい奏楽堂のロビーに、東京芸術大学音楽学部同声会が「上野の杜」というタペストリー（織物の壁掛け）を贈呈しました。平山郁夫氏が旧奏楽堂を描いた原画を基に、川島織物が製作した大変素晴らしいものです。

　今でも旧奏楽堂は、新しい奏楽堂の中に生き続けていると思います。

図10　新しい奏楽堂

図11　旧奏楽堂を描いたタペストリー

図12　上野の杜（タペストリーの題）

図13　新しい奏楽堂の玄関ホール

■建築データ
台東区立旧東京音楽学校奏楽堂
所在地：東京都台東区上野公園内
竣工年：1890（明治23）年
構造：木造2階建
設計：山口半六、久留正道
所有者：東京都台東区
国指定重要文化財 1988（昭和63）年
保存修理：1984（昭和59）年解体上野公園内に移築保存
1987（昭和62）年全修復工事了、芸大敷地の隣に旧奏楽堂として復原

■建物の歴史
　東京芸術大学音楽学部の前身である東京音楽学校の施設として、明治23年に創建された。昭和62年に現在地に移築保存され、日本最古の木造の洋式音楽ホールとして、昭和63年1月に国の重要文化財に指定された。
　二階にある音楽ホールは、かつて瀧廉太郎がピアノを弾き、山田耕筰が歌曲を歌い、三浦環が日本人による初のオペラ公演でデビューを飾った由緒ある舞台であり、まさに日本の音楽文化を育んだ舞台でもあった。
　設計は、パリに留学後文部技官となった山口半六と久留正道があたった。

■保存の経緯
　犬山市の財団法人明治村への移築保存、あるいは隣接する荒川区からの移築への協力申し入れなどもあったが、最終的には台東区の全面的協力のもと、台東区が引き受けて上野公園内に復原・保存するという方向が決定された。
　奏楽堂の保存が決定して以後、豊島区が旧宣教師住宅を保有するなど、区が近代の文化遺産を自らが主役となって保存する機運が、これを機会に大きく開けた。

■保存にかかわった人々
　芥川也寸志、黛敏郎（音楽家）、前野まさる（建築史家）、内山榮一（台東区長）、寺西春雄（「奏楽堂を救う会」事務局長）、鈴木博之、さらに地元の人びと。

■保存のポイント
・江戸から東京へとつづく文化の地である現地に復原保存された。
・地方自治体が文化遺産の保存に積極的にのり出しはじめたことにより、保存が街づくりの核として役立ち、行政と住民の出会う場となり得た。

図14　上野公園の中の旧奏楽堂

三菱一号館
街の象徴として歴史を再現

復元の経緯

　三菱一号館は、昭和43年（1968年）に解体され、平成18年（2006年）に復元計画を発表、平成21年（2009年）に復元、翌年に美術館として開館されました。

　この建物は、日本のオフィス街の出発点でした。明治のオフィス建築のスタンダードを担ったものでもあったし、そしてジョサイア・コンドルと三菱地所（当時三菱社）のまちづくりの原点でもありました。あらゆる意味で、日本の近代のビジネス街の出発点でした。

　高度成長期に旺盛なオフィス需要に応える形で建て替えを行ったものの、その建物を取り壊したということに対して、恐らく三菱地所の内部でも、苦悩があったのではないでしょうか。いつかは、何とかもう一度、丸の内の原点を再現したいという想いがあったのだろうと思います。だからこそ、三菱地所は総力をあげてもう一度、三菱一号館をつくろうというプロジェクト遂行したのだと思っています。

図1　三菱一号館ファサード（背後は一体開発された丸の内パークビルディング）

歴史的建物の意義

　三菱一号館の解体は、古い建物を保存しなくてはいけないという、一つの警鐘にもなったと思います。かつては、街が発展していき、次々に新しい建物が古い建物に置き換わっていく、しかし都市の中には、やはり歴史が必要なのではないだろうか、丸の内の原点である三菱一号館のような歴史的な建築物を持って、初めて場所に根付くのではないかと、みんなが考えるようになったのだと思います。

図2　竣工当時の三菱一号館ファサード

図3　一号館広場は丸の内パークビルディングとの接合部になっている

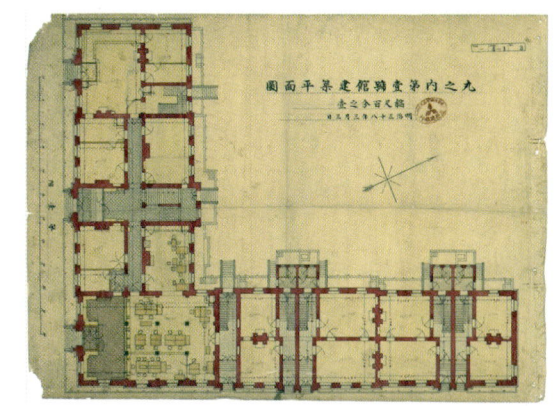

図4　復元の根拠となった明治の平面図

図5　旧銀行営業室はカフェとして再現

図6　旧一号館、銀行営業室

復元に当たって

　一号館を復元するに当たっては、復元検討委員会が組織され、材料の選定やディテール、免震に対する考え方などを検討しながら、できるだけ明治期の性能に近い形で復元するという方針が決められました。

　特にレンガ造は、今の技術を用いた材料で作られたレンガですが、性能のいいレンガというよりも、むしろ当時のものにできるだけ近づけることにこだわりました。明治のレンガの組み方に近い形で、細かい材料についてもできるだけ明治の材料に近づけるようにしました。結果として、中国で製造したレンガを使うことになったのです。工法についても同じです。

　そうした明治の建築を、安全な免震構造に乗せる、そういうやり方を選択したのです。

図7　壁は仕上げをしないでレンガ組積造を見せている

図8　二階廊下

図9　防火に加圧防排煙を行うことで階段室と廊下の空間を区画なしに復元

■保存のポイント
・日本における近代オフィス街丸の内の原点となる建築を原位置に復元することで、近代都市の歴史を発信する意義がある。
・構造は、免震構造を採用することによって基礎を除くレンガ造ならびに木造小屋組を忠実に再現する。
・材料は、安全性を検証した上で可能な限り当初保管材（石．金物等）を活用．新材で同種のものが入手できない部材については意匠的に近似したもので代替する。
・改変は、法規．安全性、バリアフリー、活用のための最小限な範囲にとどめる。

■建築データ
所在地：東京都千代田区
竣工年：1894（明治27）年
構造：レンガ組積造、地上3階、地下1階
設計：ジョサイア・コンドル
施工：直営工事
所有者：三菱地所株式会社
保存修理：1968（昭和43）年に解体、2009（平成21）年に復元、2010（平成22）年に三菱一号館美術館として開館

図10　木製の柱頭は保管されていた当初の部材を参考に再現

図11　木製の柱はワニスで仕上げられている

図12　かつてのオフィス空間は展示室となった。（写真は2009年開催の「一丁倫敦と丸の内スタイル」展示のもの）

迎賓館赤坂離宮
明治建築の最高傑作が国際舞台で活躍

明治以降の国宝第一号建物

　旧東宮御所は、わが国で現存する最大の洋風本格的宮殿です。明治以降の建物の中で、現在のところ唯一の国宝です。

　大浦の天主堂が洋風建築としての国宝ですが、幕末の教会ですから、明治以降の国宝というのは旧東宮御所が第一号です。明治以降の建物がこれから国宝になっていくのでしょう。この建物が第一号というのは妥当なところだと思います。

　この建物は、1階が東宮御所で、2階が迎賓館的施設になっていました。1階が右と左に分かれていて、1階の左が東宮、1階の右が東宮妃です。要するに、左が旦那、右が奥さんというプランニングになっているのです。ですから、なかなかいろいろコンパクトにまとめられていて、そういう意味で見てみると、建物の構成が大変面白いのです。

　日本の国力を挙げてつくった本格的な宮殿ということができます。それを戦後になって

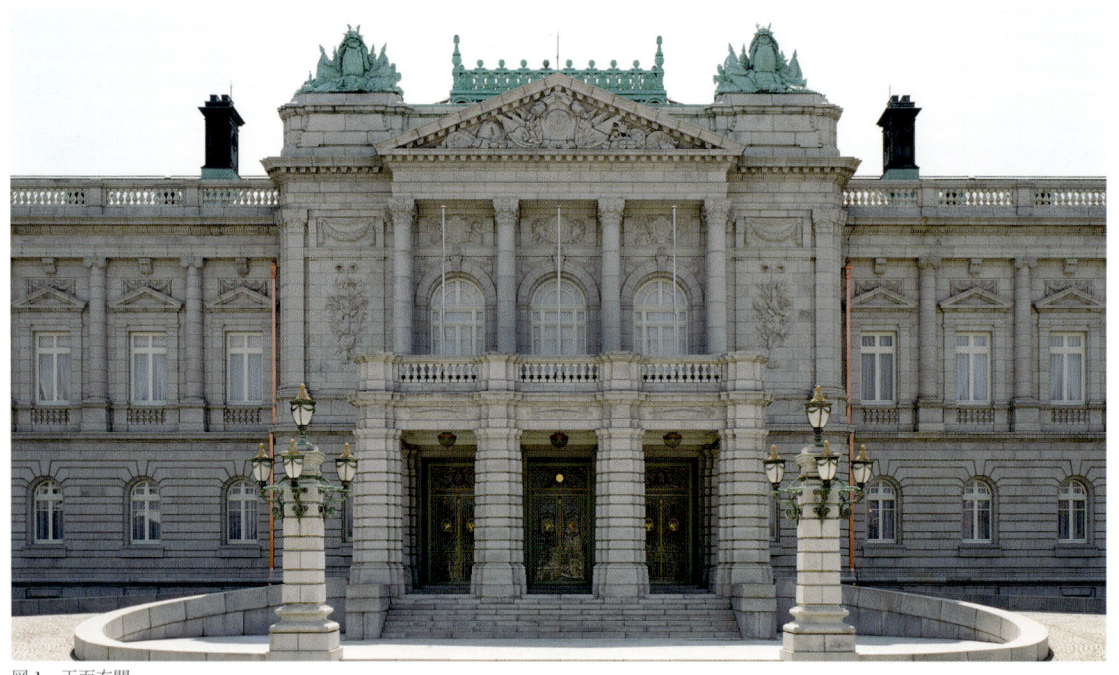

図1　正面玄関

から「迎賓館」として直すときに、村野藤吾さんがかなり大々的に改修工事を行いました。それが今の迎賓館のベースになっているというのが、基本的な流れです。

　設計をしたのが片山東熊です。彼はヨーロッパを視察して、当時の宮殿をずっと見て歩いていますから、その意味では、よくこれはルーブル宮殿のまねだというようなことを言う人もいます。ただルーブル宮殿は近世初頭の宮殿で、19世紀のヨーロッパの建築、宮殿、特にウイーンのノイエ・ホーフブルクとか、そういう当時できたばかりの宮殿にかなり影響を受けている部分があります。19世紀の現代建築という印象を私は個人的に持っています。

豪華な内装の修復

　建物全体をどのように受け継いでいくか、さまざまな課題が出てきています。天井画を含めて壁画がある、いろいろな裂地(きれじ)がある、カーテンを含めて、そうしたテキスタイル関係のものがある、ほかには、非常に多くの数のシャンデリアがあります。それらを今、村野さんの時代の修理からもかなり時間が経ちましたので、もう一度全部見直して、再修理をしていこうという作業が始まったところな

図2　正門

図3　西出口ポーチ

図4　本館全景

図5 中央階段（階段ホール）

図6 花鳥の間（大食堂）

のです。内装関係は、とてつもなく多様な技術を使っています。

維持管理する技術

　シャンデリアは、ガラスはフランスのバカラが使われていますし、ファブリックの類もフランスからの輸入品もあります。天井画も日本人の画家が描いたものもありますが、フランスの画家が描いた天井画が貼られていますし、装飾金物や装飾品もフランス、ヨーロッパからのものが輸入されています。

　装飾品、インテリアを維持整理していける日本の技術が必要となってきます。

　テキスタイルなどについては、具体的に言えば、川島織物セルコン（旧川島織物）、龍村美術織物とか、京都のそういうところでやる。それから、バカラのガラスのピースのようなものがシャンデリアにたくさん付いているのですが、そういうものについては、日本のガラスメーカーでいけるでしょう。

天井画とか壁画の修復は、日本人の修復家が、芸大のチームを中心にして今やってくださっています。日本の技術、日本の工房がこういう修理を行うようになったといえると思います。

修復技術者の育成

　修復技術者が安定的に育ってくれればいいと思います。裂地(きれじ)の綴(つづれ)織りなども、これ一つやっても、その次に仕事がなければ後継者が育たないのですが、迎賓館の中だけでも膨大にありますから、次の世代の職人さんを1人養成していただければ、その人が5年、10年とかけて、ずっとやっていけるのではないか、そうすると次の世代に技術がつながっていきます。

　絵画の修復についても、一度に発注するのではなくて、できるだけ継続的にして、チームとしてそれが継承されて、技術が次の世代につながるようにという計画性が、一方で要求されています。

　できるだけいい技術水準を迎賓館の中で維持して、それが良い意味でほかに波及してくれるとありがたいと思っているのです。

図7　東の間（控室）

■保存のポイント
・現存する我が国の洋風宮殿建築の最高峰であり、文化財としても極めて価値の高い建物。
・昭和49年（1974年）の村野藤吾による「昭和の大改修」を経て迎賓館赤坂離宮とされた。
・昭和の大改修の意匠を極力維持保全する原則で改修
・老朽化や社会的変化に伴う接遇上の新たなニーズについて、建築・設備の総合改修を行う。

■建築データ
所在地：東京都港区
竣工年：1909年、東宮御所として建設
　　　　1974年、改修して迎賓館赤坂
　　　　離宮として開館
構造：石造及び鉄骨煉瓦造、地上2階
　　　地下1階建、銅板葺
設計：片山東熊
　　　迎賓館赤坂離宮としての改修に
　　　は、本館は村野藤吾が行う。
　　　和風別館は谷口吉郎が設計協力
所有者：内閣府
国宝・重要文化財指定 2009（平成21）年
保存修理：1968-1974年（本館）
　　　　　2006-2008年

図8　彩鸞の間（カクテルラウンジ）

銅御殿（旧磯野邸）
都市の中に文化財のぬくもりを

都心で存続できた建物と背景

　旧磯野家住宅は、銅(あかがね)御殿といわれています。銅御殿は、都心にある明治の末の建物で、磯野さんという方がつくられて、その後中野さんという新潟の方が持っていました。今は「ホテルニューオータニ」創業者大谷米太郎の子孫が運営する大谷美術館の所有となっています。

　建物の隣で、マンションの開発が起きて、周辺環境が変わってしまいましたが、その中で何とかこの建物を守りたいということで苦労しました。

　都市の中の建築としては、建物は残ったけれども、周辺が大きく変わるという変化を体験した事例です。これからそういう例も多くなってくるので難しいなという感じを深くしたものです。

　この場合、所有者の方が大変に愛着を持っておられました。大谷家の方が非常に丁寧に丁寧に使っておられて、今後の方向も、でき

図1　門を入ると「銅御殿」のユニークさを感じる

るだけ技術的にも万全を期そうということで守られたので、その意味では非常に緻密な維持継承がなされつつあると思います。

　建物自体が、銅御殿という名のとおり、銅板葺きで非常にユニークな建物で、もともとが軽量かつ緻密な建物だったから、いまだにびくともしないのだと思います。そうしたオリジナルの良さがあるから、それが今に生きています。

　やはり文化財になる建築は、オリジナルのポテンシャルの高さというか、オリジナルの持っている力の強さが、それこそ百年経っても利いてくるのではないかなと、つくづく実感した建物です。

都市の中での文化財のあり方

　銅御殿が残ったことによって、周りの人たちはその文化的メリットを享受しているわけです。ですから、それに対してみんなが負担をしていくシステムをうまく考えたいと思う

図2・3　明かり窓は個々に異なるデザイン

図4　床・棚・付書院を設けた奥書院

図5　幾何学模様の建具

図6　上がりやすさとデザインに配慮した階段

図7　屋根と外壁の銅板葺きに緻密さを感じる

のです。

　都市の中での文化財のあり方を考えますと、文化財を残す人の負担、それを享受する人の負担というのを、うまくバランスできるシステムが欲しいと思います。

　まだ東京には、こういう例はぽつりぽつりとあって、例えば、満鉄の総裁をやっていた中村是公という人の家が渋谷の近くにあって、壊されていたのですが、今まさに最後の潮が引いて壊れつつあるところです。

地方での文化財のあり方

　地方の豪華で非常に豪壮な家を構えたものがあります。明治の末のもの、あるいは昭和の初年にかけてのもので、大変に手のいい、驚くほど大規模な建物がある。ただ、それは開発では壊されないけれど、相続税に対して持ちこたえられないものも多いようです。地方都市の場合には維持できなくて消えていくという、非常に難しいところだと思います。

　東京の場合は、開発利益を求めて都市再開

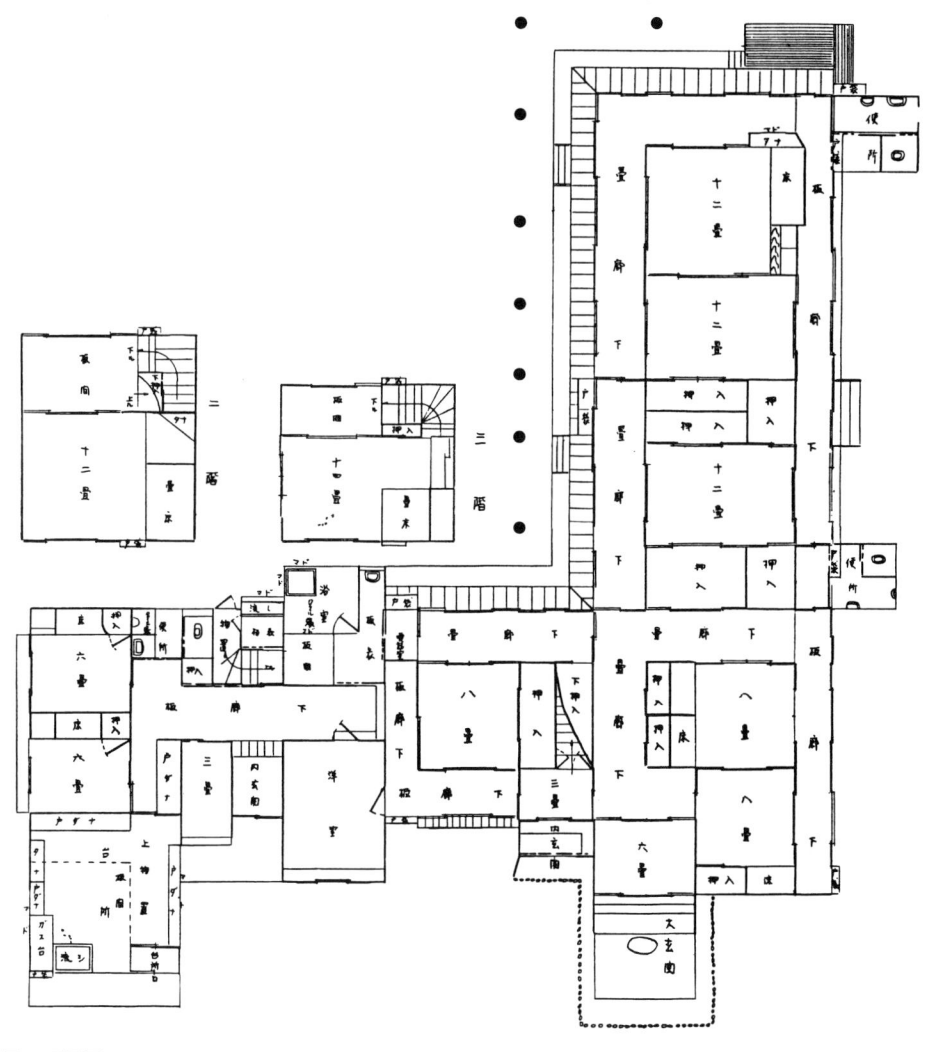

図8　平面図

発するのが多いので、抵抗感がありますが、地方の場合はそうした抵抗感もなく、消えていく場合が数多くあります。この辺をしっかり見直していく必要があると思います。

■保存のポイント
・社寺の建築様式など伝統的な木造建築の技法と、明治の大工の創意と工夫を融合させた近代和風建築。
・隣に14階建てのマンションが建設され、建物への影響、周辺環境の変化が起きた。

■建築データ
所在地：東京都文京区
竣工年：1912（大正元）年
構造：木造平屋建、一部3階建
設計：北見米造
施工：北見米造
所有者：大谷美術館
国指定重要文化財指定　2005（平成17）年

東京駅丸の内駅舎
日本で一番美しい駅舎が甦える

東京駅保存の出発点

　昭和30年代に、東京駅を、超高層で建て替えようという話がありまして、霞が関ビル以前に、日本で最初の超高層を東京駅でやろうという計画がありました。結局それは実現せずに終り、霞が関ビルが超高層ビルの先駆けになるわけです。

　その頃から東京駅を建て替えという話が起きて、それに対して東京駅をそのまま残したい、あるいはもとの形に戻したいという動きがありました。

　当時の国鉄の人と、保存を求める人たちとの間で動きがあって、女優の高峰三枝子さんなどが保存の中心に立たれたり、建築のほうでいえば太田博太郎先生方が中心になって訴えてこられたわけです。

　最終的には、国鉄がJRになって、JR東日本の松田昌士社長と、そのころの運輸大臣をやっていた石原慎太郎さんの間で、「保存しましょう」ということになりました。

図1　復原された三階と北ドームをのぞむ

保存の内容

具体的な保存の内容になりますと、どうやって残すかという問題になります。技術的な問題はもちろんありますが、財源をどうするか、事業としてどう成立させているかが問題になります。そこで、容積を移転するための法律が整備されたわけです。それまでは同一敷地内での容積を隣で高くするぐらいしかできなかったのですが、丸の内の地区の中で少し離れたところへ飛ばして容積を移転し、低層の建物でも事業が成立するというふうに、都市計画的な法律を整備していって東京駅復原が事業として成立した、というのが大きな枠でした。

保存に当たって、現状凍結で2階のままに残すか、それとも当初復原にした3階にするかで、かなり議論されました。

わざわざ当初の姿に戻さずに、戦後のなじんだ姿を保ち続けるべきだと考える人がいました。それに対して戦災にあう前の最初にで

図2　復原前のドームと2階までの軒

図3　復原後のドームと3階に復原された軒高の様子

図4　復原されたドーム内にはレリーフ装飾が見られる

図5　戦災後ローマのパンテオンのような無装飾ドームから創建当時に忠実に復原

図6　復原された三階外壁部分

図7　三階外壁部分の復原工事

きたときの姿に戻すべきだと考える人もいました。結果的には、できたときの姿に戻そうという当初復原になったのです。

保存における技術的問題

　東京駅は、戦災で最上階がみんな焼けているわけですから、それをもとのレンガに戻すと上が非常に重くなってしまうので下をかなり補強しないといけません。

　上の再現の部分はできるだけ軽い鉄骨やコンクリートで外観を整備することにしました。それは、せっかく残っているオリジナルの材料や構造体をできるだけ傷つけないで保てるようにしようという考え方にたったからなのです。

　一方で、安全の確保のためには、非常に長大な建物だけれど全体を免震構造にしましょうということになって、そういうオリジナルをできるだけ多く残せるようにという方法を

どのように確保するか、それが大変だったところだと思います。

　保存の考え方として、典型的な考え方がここにあるように思いますが、やはり当初の形に戻せるなら戻したいということになります。つまり、当初復原です。

図8　創建当時の東京駅全景

図9　復原後の東京駅全景

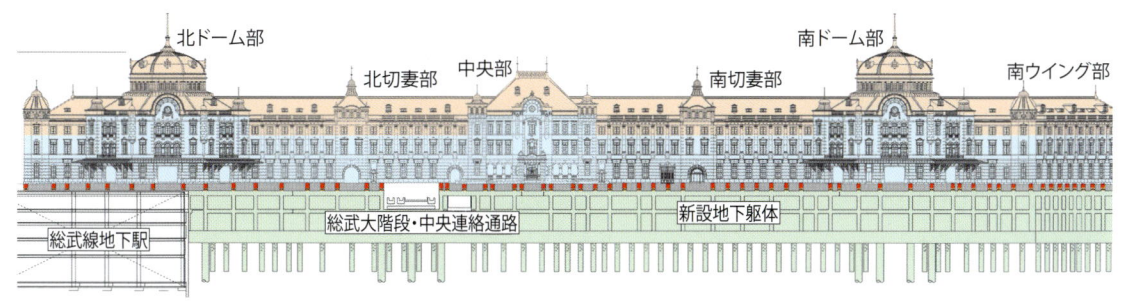

図10　復原工事の概要

図11 ドーム屋根の丸窓

図12 ドーム屋根の木製下地

重要文化財へ

　保存のめどが立ったときに、JRのほうでこれを重要文化財に指定していきましょうということになりました。文化財に指定されると、文化遺産としてのクオリティーが保証されるし、そのクオリティーに従って我々がやりますよという、JRのほうの決意表明にもなるわけですから、私としても非常に信頼できるようになったわけです。

　この2012年の10月1日がグランドオープンしました。もちろん駅としては現役であり続けるわけだし、それから中にステーションホテルとステーションギャラリーという機能が入っていて、それについては最先端の設備とデザインを中に入れましょうという考え方です。

　生き続けている文化財が、どういうふうに

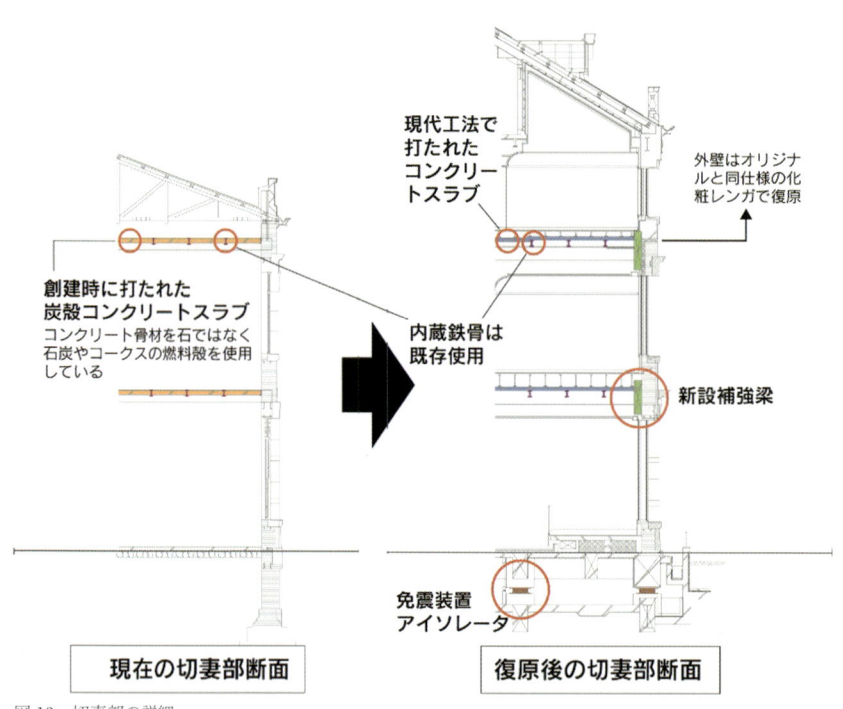

図13 切妻部の詳細

あるべきなのか、すべてを凍結してしまうのではなくて現代に生きている要素を持ち続けないとだめだろうと、その意味でもこれは現代的な事例になっているのではないかと思います。

シンボルとしての東京駅

やはり東京駅というのは存在も大きいし、建物も大きいのでネームバリューもあり、やはり存在自体がシンボリックで、都市の象徴としての建築が生き続けられた典型的な例ということができます。

これからまだ駅前の広場を整備していかなければなりません。丸の内との関係では、中央郵便局が再開発されていってしまう中で、広場をもうすこし整備して、最後の画竜点睛をうまくやりたいと思っています。

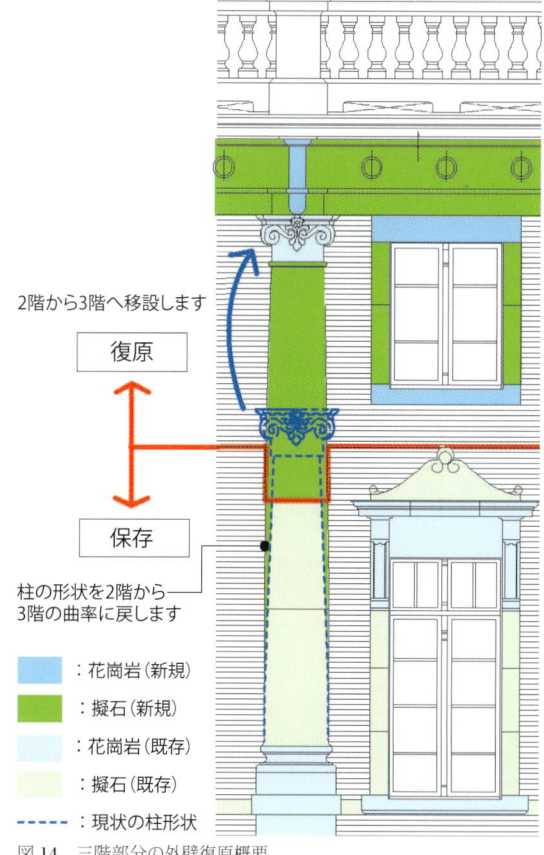

図 14　三階部分の外壁復原概要

図 15　施工中の柱頭部分

図 16　免震装置：アイソレータ

図 17　免震装置：オイルダンパー

図 18　復原された塔部分

図 19　復原された三階窓部分

図 20　復原された中央部の三階周辺

東京駅の保存・復原工事に関わって

　私は、東京駅丸の内駅舎の保存・復原工事には、2001年から10年以上携わってきました。

　設計の段階では、JRE設計という設計事務所に出向して設計を担当し、その後、JR東日本に復帰して工事の契約に携わり、着工当時は設計監理的な仕事をしておりました。そして最後の3年半は工事監理のリーダーという立場で、主に現場におりました。

　この東京駅丸の内駅舎の工事というのは、一つは保存すること、もう一つは復原すること、という2つの工事を行うものでしたが、保存や復原というのは、我々監理する側も施工する側もそれほど経験がないことでしたので、お互いに試行錯誤をしながら検討を重ねて進めていきました。

　施工していくに当たっては、次の2点が特に大きな要素でした。

(1)　限られた作業時間：駅として使用しながら行う工事なので、鉄道運行終了後の午前1：00～4：00の3時間、しかも、準備と後片付けの時間を引くと正味1時間の作業となる部分もあり、その限られた時間の中で、どうやって効率的に作業を進めていくかが、工程的に重要なポイントでした。

(2)　現場での判断：今回のような保存・復原という作業では、設計で想定していたものとは異なる条件が出てくることもありました。壁を例にしますと、壁がかつてはあったと思っていたところに壁がなかったということや、工事をしていて、壁の強度が想定以上にもろくなっていて必要な強度が得られないといった、実際に作業を進めてみないと分からないということが度々ありました。

　この工事は、可能な限り、極力前にあったものを残すという方針がありましたから、前段階の調査と施工が始まってからの、フォローや検討が特に大切でした。

（大内田史郎：東日本旅客鉄道株式会社）

■保存のポイント
・ブランド象徴として（企業イメージの向上）
・竣工時（1914年）の姿は復原する（当初復原）
・免震化
・JRという一企業のものが国家的プロジェクトになる
・新機能付加する（ギャラリー・ホテル）

■建築データ
所在地：東京都千代田区
竣工年：1914年12月14日
構造：鉄骨レンガ造3階建て
設計：辰野金吾　施工：大林組など
所有者：東日本旅客鉄道株式会社
平成15年　重要文化財指定される。
東京都歴史建造物指定　1985年
保存修理：2007年～2012年　鹿島・清水・鉄建JV

■保存にかかわった主な人など
石原慎太郎（前東京都知事）
太田博太郎（元東京大学教授）
岡田恒男（東京大学名誉教授）
鈴木博之
東日本旅客鉄道株式会社
ジェイアール東日本建築設計事務所

明治学院 インブリー館、礼拝堂、記念館
アイデンティティーとしての歴史的建築

歴史的な建物群

　明治学院のキャンパスは、都心にあるミッション系の大学の一つの典型で、インブリーという宣教師の宣教師館があり、それから礼拝堂など宗教施設があり、現代の学校施設があります。

　その中の歴史的な建物を整備しながら、新しいキャンパスにつなげていこうというのが大きな計画でした。

　キャンパスの再開発計画を内井昭蔵先生が行い、現在中心になっている建物は、内井昭蔵設計による校舎です。その中にある歴史的な建物群についても、きちんと整備しましょうということで、このインブリー館、それから記念館、礼拝堂の修復が計画され、実行されていったわけです。

図1　歴史的建築を一望（左からインブリー館・記念館・礼拝堂）

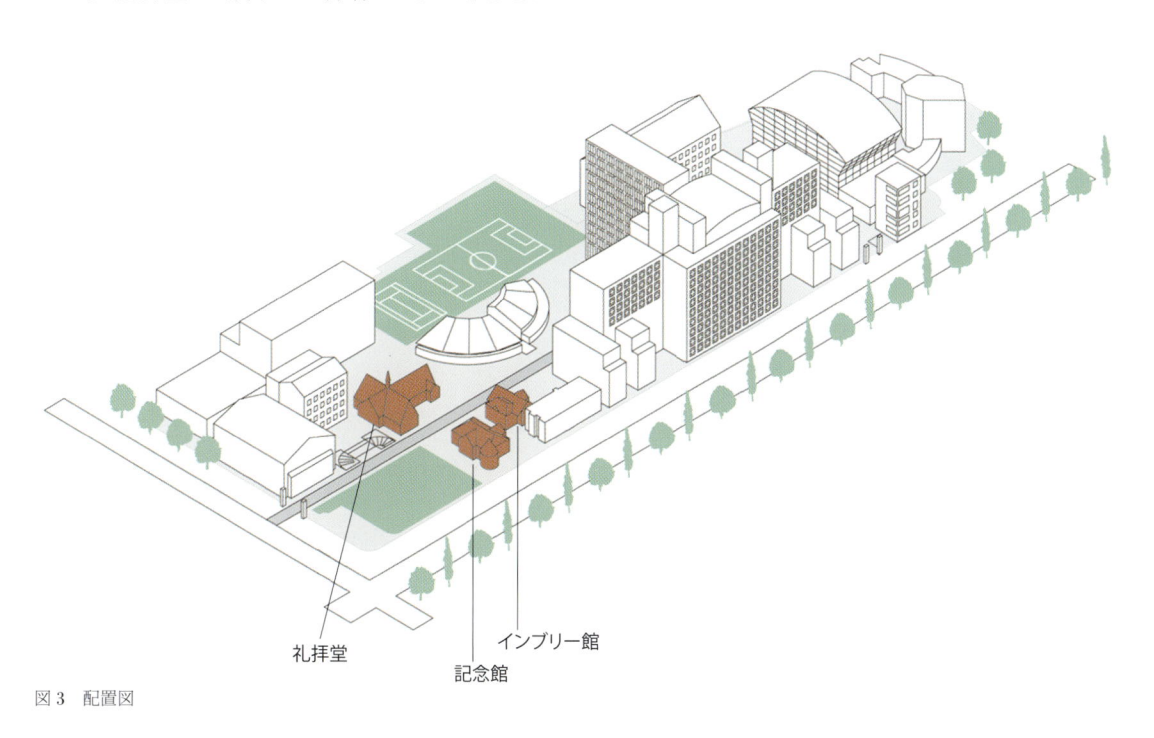

インブリー館

　インブリー館は、木造の西洋館なので、西洋風木造建築をどのように整備するかという仕事でした。ちょうどアメリカから木造建築のことを研究している留学生が来ていまして、彼がニューイングランドの木造と比較をするということも調べながら調査をしてくれました。それが、本当にアメリカの東海岸的な建物だったものですから、良い形でその修理ができたような気がします。

礼拝堂（チャペル）

　礼拝堂のほうは、少し時代が下がって、ヴォーリズという日本で非常に多くのミッション系の仕事をしたアメリカの建築家が設計しました。東京における彼の代表的な教会建築で、彼自身そこで自分の結婚式を挙げています。レンガ造に木造の屋根をかけるという形で、途中で規模を大きくしたりしていました。礼拝堂の場合には保存していくときに

図2　礼拝堂を俯瞰する

図3　配置図

は、構造をどのように強化するかというのが大事な問題です。

ここの場合には、基本的には壁の内側を鉄板で張っています。それで構造補強していくというやり方をしたわけです。もちろん礼拝堂を使い続けなくてはいけないので、できるだけ当初の姿に戻すと同時に、構造的には安全性を確保しようということで、レンガ造の補強として、鉄板で内張りをしました。ある意味では新しいやり方をここで試みたわけです。

礼拝堂の建物は、1916（大正15）年3月に献堂されて以来、キャンパスの象徴的建築として親しまれ、さまざまな行事に用いられつづけてきました。

修理工事により、屋根葺き替え、内外壁、建具、講壇と2階ギャラリーなどの復旧整備、構造補強工事が行われました。

図4　インブリー館のインテリア

図5　インブリー館の外観

構造補強は、レンガ壁全体にわたって厚さ9ミリの鋼板を貼り付けています。また2階ギャラリーには新しいパイプオルガンが設置されました。こうした修理工事は、歴史的建築遺産を活用し続けるために必要な行為であり、こうした作業によって歴史的建築は生きつづけ、使われつづけられています。

　また、明治学院の方々も、キャンパスを非常に大事にしていて、歴史的建築群をもう少し再整備できないかなど、いろいろ考えているようです。

記念館

　記念館は、当初、赤レンガ、瓦葺きの二階建てで、当時アメリカで流行したネオゴシック様式でしたが、1894（明治27）年6月の大地震で大破し、2階部分を木造に改造しました。木造部分は木材の骨組を真壁にし木骨

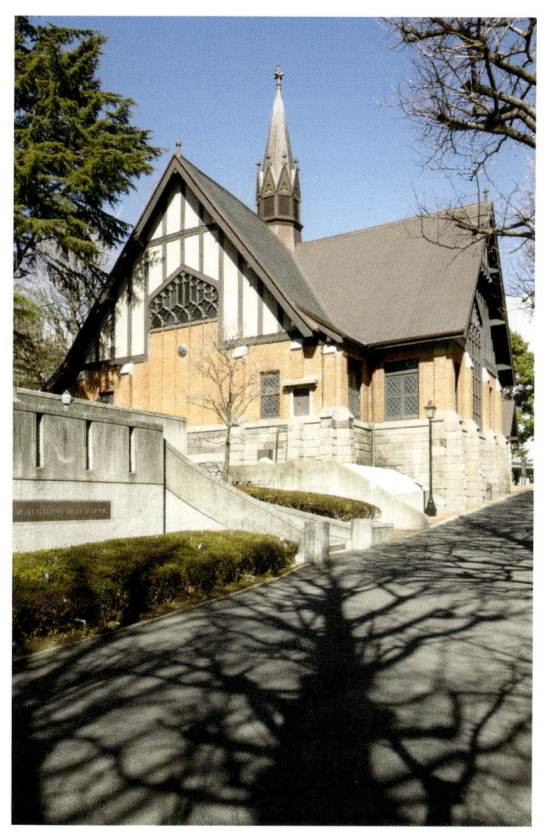

図6　礼拝堂外観（1）

図7　礼拝堂外観（2）

図8 礼拝堂内部：パイプオルガン

を表に出し、レンガと木造との連携構造が見事です。

尖塔は1914（大正3）年のサンダム館の火災時に類焼して改造されました。関東大震災ではレンガの大煙突が崩壊、1966（昭和41）年道路拡張のため現在地に移動復原されました。

学院のアイデンティティー

明治学院はポスターなどに礼拝堂を使っていまして、母校のアイデンティティーという感じで歴史的建造物を用いています。

建物がこういう形で残って、学院のアイデンティティーとして、一つの日本文化を守っていくことができます。

建築というのはみんなにとって、最も精神的なよりどころになるし、学校はある時期を

図9 礼拝堂内部：講壇を見る

みんなが過ごす一番精神的な場所だから、何年経ってからもその記憶は残ります。

　学院のアイデンティティーと歴史的な校舎は非常に深く結び付いているし、それを大事にしていくのはとてもいいことなのではないかと思います。

図10　記念館内部

図11　一階レンガ造と二階木造真壁の美しい記念館外観

■保存のポイント
・長期間にわたる歴史を経て作り出されてきた歴史的建築群を使いつづけながら受け継いでいく。
・幾多の改修工事を経てきた建物をその痕跡を残しながら復旧整備する。
・歴史的建築遺産を活用しつづけるために、構造補強工事を行う。

■建築データ

明治学院礼拝堂（チャペル）
所在地：東京都港区
竣工年：1916（大正5）年
構造：煉瓦造・一部鉄筋コンクリート造、2階建
設計：W.Mヴォーリズ
所有者：学校法人明治学院
東京都港区有形文化財指定　2002（平成14）年
東京都港区「景観上重要な歴史的建造物等」指定　2002（平成14）年
保存修理：2006-2008年

明治学院インブリー館
所在地：東京都港区
竣工年：1889（明治22）年
構造：木造、屋根は銅板一文字葺
設計：不詳
所有者：学校法人明治学院
国指定重要文化財　1998（平成10）年
東京都港区「景観上重要な歴史的建造物等」指定　2002（平成14）年
保存修理：1998（平成10）年

明治学院記念館
所在地：東京都港区
竣工年：1890（明治23）年
構造：煉瓦造・一部木造、屋根は銅板一文字葺
設計：H.Mランディス（宣教師）と推定
所有者：学校法人明治学院
東京都港区有形文化財指定　1979（昭和54）年
東京都港区「景観上重要な歴史的建造物等」指定　2002（平成14）年
保存修理：1999（平成11）年

旧朝倉家住宅
都会の一等地に残る大正の和風住宅

街づくりと保存

　私が一番最初にこの建物に関わったのは、槇文彦先生が東京大学の教授で、代官山のヒルサイドテラスを次々に設計し、建設していっておられたときでした。

　こういう街のつくり方というのがあるのだなと、側で眺めていたのです。

　最初のうちは、その背後に朝倉邸という建物があることは知らなかったのですが、ヒルサイドテラスは、朝倉家という非常に大きな地主の方が、単に土地を切り売りしてしまうのではなくて、街をつくりながら発展させていこうということで進めた開発でした。それを槇先生が一緒になさっていたのだということが分かってきました。

　ところが、朝倉家が戦後ずっと生き延びていくためには、一番の本邸であった朝倉家の住宅を手放して、物納しておられたのでした。そこで街づくりを進めてこられた朝倉家の今のご兄弟、それから槇文彦先生たちが、

図1　格式を感じる瓦屋根と下見板張の外観

本邸こそ画竜点睛を成す建物だとして保存していきたいと考えられてきました。

　後ろに朝倉家住宅が控えていることで、ヒルサイドテラスの懐の深さが分かるという感じをみんなが抱いたものだから、ヒルサイドテラスの周辺に事務所をもつ槇先生のお弟子筋に当たる建築家の元倉眞琴さんなどが、いろいろ働き掛けられていました。そして槇先生も先頭に立って、これを重要文化財にしようと計画しました。

　国から管理団体としては、目黒区と渋谷区にまたがっていますから、渋谷区の管理で、保存継承をしていきましょうという形になったのです。都会の一等地にあり、結果として国有財産になったから残ったということがいえるのではないでしょうか。

保存と現代性

　現代性を失わないというのが、都市が生きつづけるためには、すごく大切なことなのです。しかし、その現代性だけでは、ペラペラな街になりかねない。歴史を持っていて、なおかつそれが現代的活力も失わないでいるというのが、最もいいことなのだと思うのです。忘れられた街になってしまったら、単に残っているに過ぎなくなってしまいかねません。その意味では、代官山ヒルサイドテラスの辺りは、歴史と現代が良い意味で共存できている街だと思います。

　つい最近、ほとんど渋谷に近い場所に建つマンションなのに、「代官山」を名のる例に出会いました。「渋谷」と名付けるより「代官山」と名のついたマンションのほうが、人々にとって魅力的に響く、その辺をきちんと彼らは読んで名を付けたのだろうという

図2　玄関脇の「応接間」

図3　「杉の間」はすべての木目が「板目」である。

図4　回遊式庭園

感じがしました。代官山の良さというのは、広がっているんだろうなと思います。

保存するに当たって

旧朝倉邸の保存で一番苦労したことは、近代和風で、明治というわけではない大正の建物を保存するということでした。一番古いという時代ではないし、全国的に見れば、こういうクラスの建物は、地方などにまだ数多く残っているわけです。それを、やはりこれが貴重なのだと訴えても、自然には理解を得られないのです。

明治建築という存在は、ある程度みんな貴重だと分かってもらえますが、それを単に明治建築だけに終らせてはいけないわけです。大正・昭和・戦前というものにも素晴らしい建物があって、それらの建物の価値とは、古さだけでなくて、質の高さと、それがどこに残されているかという場所の問題、それらを含めて存在するのだと訴えていく必要があるだろうと思います。

これからの課題

これから旧朝倉邸を残していく上での問題点があります。まずひとつは、どういう使い方をするのか。もう少し詳しく言いますと、例えば小規模な集まりに使えるようにするとか、朝倉邸のような和風の建物にふさわしい少々改まった催しに使うとかいうことがあっていいと思います。

それから、お庭がせっかくよく残ってるわけですので、お庭を楽しむいろいろな催しが考えられてもいいような気がします。ヒルサイドテラスの文化的なイベントと連携しながらやっていくと、うまくいけるのではないかと思っています。

■建物の歴史
　旧朝倉家住宅は、猿楽町の南西斜面に朝倉虎治郎によって、大正8年（1919）に建てられた。近年は財務省所管の用地で、建物と庭園は内閣府関係の会議所として使用されてきた。

■保存のポイント
・東京中心部に残る、関東大震災以前に遡る数少ない大正期の和風住宅である。
・接客のための座敷き、家族向きの座敷き、茶室など機能に応じて、異なる意匠でまとめられた良質の建物と一体になった庭園がよく保存されている。

■保存にかかわった人
　朝倉徳道、朝倉健吾、槇文彦（東京大学名誉教授）、元倉真琴（建築家）、鈴木博之

■建築データ
所在地：東京都渋谷区
竣工年：1919（大正8）年
構造：木造、一部2階建、桟瓦葺
　　　土蔵　鉄筋コンクリート造及び木造、2階建、桟瓦葺、東面庇附属
所有者：文部科学省（文化庁）
国指定重要文化財　2004（平成16）年

図5　2階は主に朝倉虎治郎が執務のために使っていた。

図6 配置図（渋谷区　施設案内より）

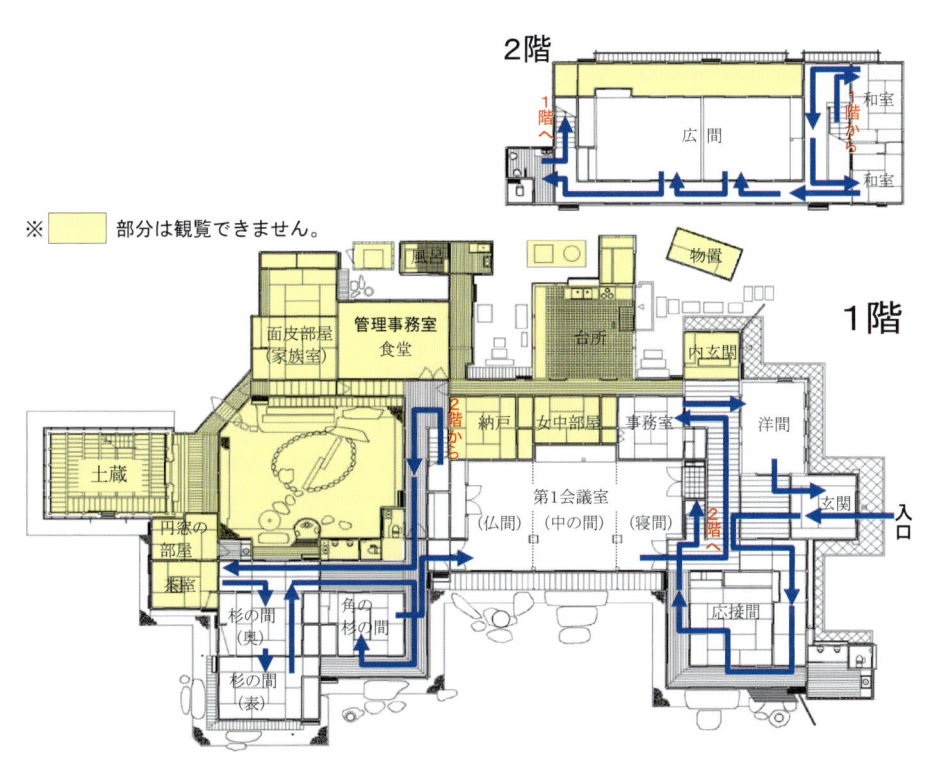

図7 1階、2階平面図（渋谷区　施設案内より）

誠之堂・清風亭
移築の最高技術を生み出した情熱

建物の背景と保存いきさつ

　澁澤榮一ゆかりの建築としては、青淵文庫とそれに隣り合う晩香廬、現在深谷市にある誠之堂の三棟が保存されています。

　晩香廬は栗材を用いた木造、青淵文庫は鉄筋コンクリート造、誠之堂は技巧を凝らしたレンガ造です。これら三棟のすべてを設計した清水組（現在の清水建設）の技師長の田辺淳吉は、それぞれに味わい深い個性を付与しています。

　飛鳥山公園にある晩香廬と深谷市にある誠之堂というのは双子の建物みたいなものなのです。誠之堂は、澁澤栄一がつくった第一銀行（現在のみずほ銀行）の社員が喜寿のお祝いに、多摩川のほとりの第一銀行のグラウンドに西洋あずまやを建てて贈ったものです。同じときに、やはり喜寿のお祝いとして、ひいきに預かっていた清水組が飛鳥山の本邸のなかに栗普請（くりふしん）の数奇屋である

図1　誠之堂外観

晩香廬を贈りました。つまり、同じときに、第一銀行の社員が二子玉川の傍に誠之堂を贈り、本邸の中に晩香廬を清水組が贈ったということなのです。

誠之堂の保存

近年、銀行が次々と合併してきました。第一銀行は第一勧業銀行（現在はみずほ銀行）になり、その合併の中で、遊休資産をどんどん整理していくということになってしまい、それで誠之堂の土地も手放すことになったわけです。その中に建っている誠之堂は、土地が手放されてしまうのだから行き場がなくなってしまう。そこでどうしようかという問題が起きました。

いろいろと手を尽くしていたところ、澁澤榮一の故郷である深谷市が何とか引き受けようということになってくれました。

深谷市の援助と、それから清水建設が移築については技術とかなりの費用についても援助しながらやろうということになりました。もちろん第一勧業銀行の人たちも大いに協力してくれたわけです。

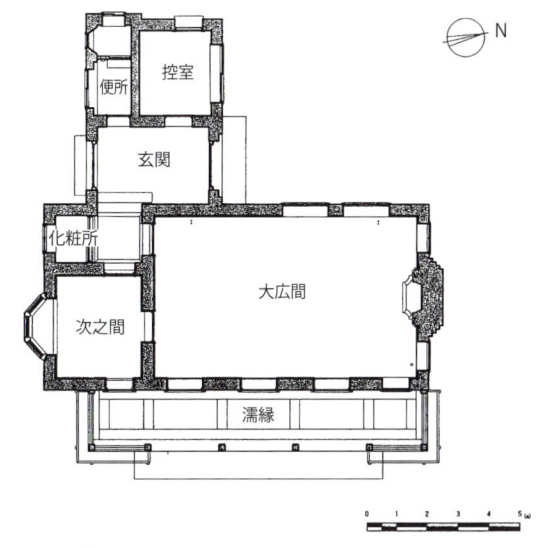

図2　誠之堂平面図

図3　誠之堂大広間

図4　礎に備えられた暖炉部

図5　切断された誠之堂のレンガ壁

図6　ほぼ組み立てが終ったレンガ壁

建物への思い入れ

　第一銀行が贈った建物なのですが、設計は清水組の技師長の田辺淳吉がやって、清水組が建てている建物だから、自分たちの先輩が造って、先輩が施工した建物に対する愛情というのは、みんなひとしお深いのです。先人の成果を大事に継承したいという気持ちが強かったのでしょう。

　清水建設の当時社長の今村治輔さんが、その澁澤ゆかりの財団法人である龍門社の理事もしていて、そこの改修委員にも入られて、先頭に立ってやってくださいました。また、技術研究所に松波秀子さんという方がいて、非常に熱心に保存に関わっていました。

　技術的には、設計本部長だった藤江澄夫さんが、「先輩たちが造ってきた建物を後輩たちが守らないといけない」と言ってくださって、技術的に大いに協力してくれました。そういう情熱とか、執着心とかが新しい技術を生み、建物を残したという最高傑作のような話です。

移築・保存にあたって

　誠之堂はレンガ造で、ここでのレンガは、色はいろいろムラのあるいい色を使っているし、積み方も出たり入ったりものすごく凝っているのです。

　それから「喜」と「壽」の文字のパターンを、レンガを積んで模様織りのようにして積み込んであったりして、いったんばらしたら絶対に元どおりに積み直せないし、ばらす過程で欠けてしまうから、これはそのようなやり方はできません。そこで、大ばらしというやり方になったのです。

　大ばらしというのは、壁を大きくばらしてしまう。だから、壁を全体、縦横に切って、そして板状のピースにして、それを運んで、それをまたつないでいくというやり方です。途中の道路が通れる最大の大きさにして、バラバラにして運んだということです。お茶室の移築などでときどき使われる方法で、土壁を全部はがしてしまわないで、壁ごとノコギリで切って、静かに移して新しいところで柱と柱の間に、その壁を入れるというやり方をするのですが、それをレンガ造に応用した方法です。

　壁は目地を見定めながらダイアモンド・カッターで切り取りました。東京から深谷に移動して、しかも、レンガ造の大ばらしをやる、その意味では非常に技術的にも苦労が多い仕事でした。

清風亭

　移築するにあたって、横にあった鉄筋コンクリートの第一銀行ゆかりのあずまや「清風亭」も、鉄筋コンクリートの壁を大ばらしで切って持っていきました。レンガ造と鉄筋コンクリート造の建物がそろって深谷に行って、しかも元あった2つの建物が同じ関係で深谷に移っているという意味では、面白い移築が成立したと思います。

　複数の建物をその関係を保って移動させる移築の代表例のようなものです。

図7　清風亭外観

■建築データ

[誠之堂]

所在地：埼玉県深谷市
竣工年：1916（大正5）年
構造：煉瓦造、一階建、スレート葺
設計：田辺淳吉
施工：現在の清水建設（株）
所有者：深谷市
国指定重要文化財　2003（平成15）年
保存修理：1998-1999年移築復原工事

[清風亭]

竣工年：1926（大正15）年
構造：鉄筋コンクリート造平屋敷
建築面積：168㎡
設計：西村好時
埼玉県指定有形文化財　2004（平成16）年3月23日
・1923（大正12）年の関東大震災を契機に建築構造の主流となった鉄筋コンクリート造の初期の事例として、建築史上貴重な建物

■保存にかかわった人

澁澤雅英（財団法人龍門社）、今村治輔、藤江澄夫、松波秀子（当時清水建設）、鈴木博之

青淵文庫・晩香廬
先人の成果を大切にした保存

保存計画と検討委員会

　晩香廬と青淵文庫は、渋沢青淵記念財団（現・公益財団法人渋沢栄一記念財団）の方から、これは大事な建物だから保存したい、ということで保存委員会をつくることから保存計画がはじまりました。財団の理事長の渋沢雅英さんも入っておられて、清水建設の今村治輔さんも入り、検討しておりました。保存のための検討委員会として、保存に関する総合的な状態を知らなければ困るので、私も参加させていただきました。

　渋沢栄一は、非常にスケールの大きな人で、資本主義の育ての親ですが、単なる利潤追求だけではなくて、社会活動にも随分熱心だった人という感じがします。だから誠之堂や晩香廬を見ても、喜寿のお祝いに、周りの人がみんなで、贈っているのです。そして何十年もたってから、それをどうやって保存しようかということに、みんな燃えるわけです。やっぱりそのあたり、人徳というものを感じました。

図1　青淵文庫正面

保存に関する技術

　この建物の保存に関する技術について見てみると、青淵文庫のほうは、レンガ造プラス鉄筋コンクリート造のような不思議な建物なのです。完成直前に関東大震災に遭って、それで設計変更をしたり、鉄筋コンクリートで補強をしたりして仕上げているのです。

　保存についての大きな問題は、スチールサッシが錆びてボロボロになってしまったことです。できるだけオリジナルを残そうということになりまして、スチールサッシを使うことにしました。

　使える部分のオリジナルの材料を残そうとすると、サッシの下半分が錆びてなくなっているので、その下半分だけをステンレスで同じ形に作ってつなぐという、ある意味ではマニアックな修理をして、最大限オリジナルを残しています。木造建築の柱の根継ぎの考え方の応用といえるかもしれません。

　それから、サッシを外すと窓周りの壁を少し取らなくてはいけませんが、サッシぎりぎりまで非常に奇麗な模様のタイルが使ってあるのです。渋沢の紋どころの柏、ドングリのマークが付いていて、手作りのいいタイルなのです。それを外すときには何枚かなくなってしまうので、それらをまた手作りで作り直しました。青淵文庫の修復は、ものすごく手が掛かる仕事でした。

青淵文庫

　青淵文庫は、端正なプロポーションの建物で、前面にテラスを張り出し、装飾タイルに縁取られた四連の開口を設け閲覧室に通じています。その上部にはステンドグラスが、竜門社に因んだ「竜」に渋沢家の家紋に因んだ

図2　タイルのパターン（1）

図3　タイルのパターン（2）

図4　南西面

「柏」と傘寿の「寿」をモチーフとして美しくデザインされています。

　青淵文庫は、渋沢栄一本邸「曖依村荘」内に建てられた最後の建物でした。本邸の和館と西洋館前に建っていたので、この建物は正面だけでなく背面の階段室に至るまで、丁寧なデザインと施工が施されています。そこには邸内全体の造園計画への配慮も窺われます。

　現在、かつての庭園の面影はかなり薄れてしまっており、今後飛鳥山全体のなかで渋沢邸の面影を復原・整備してゆくことも重要な課題となるでしょう。

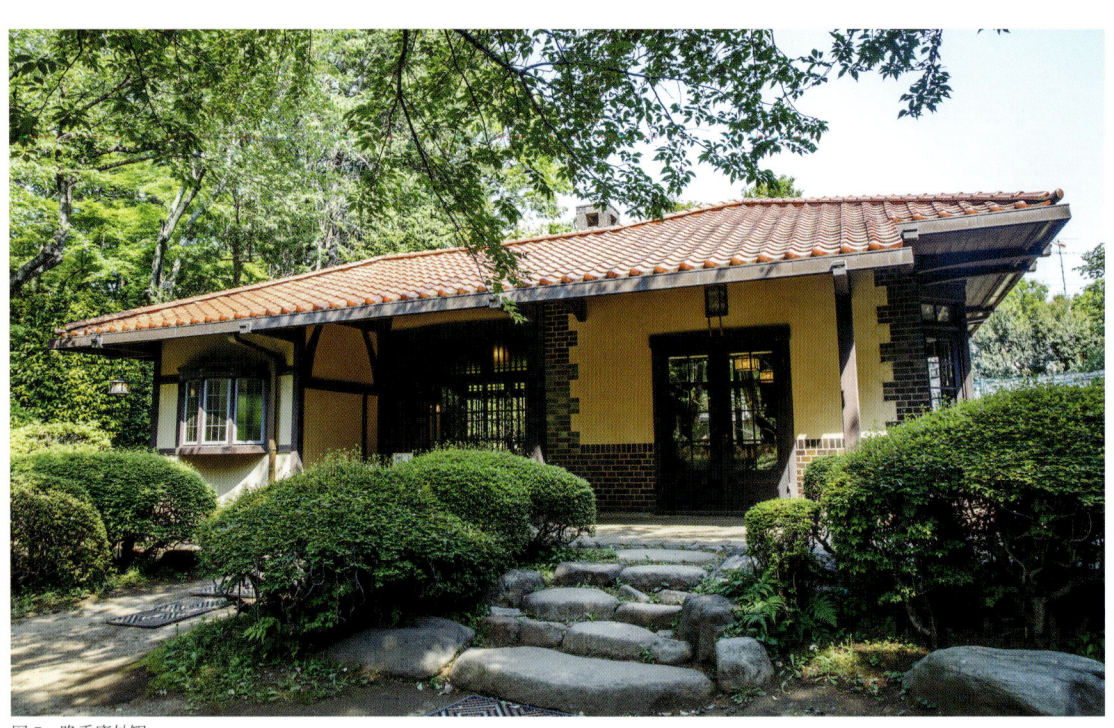

図5　閲覧室北西面

図6　閲覧室南東面

図7　晩香廬外観

晩香廬

　前にも述べましたが、晩香廬は、清水組が渋沢栄一の喜寿を祝って贈った建物です。

　この建物は、飛鳥山の渋沢邸内に建てられました。これは栗の木を用いた木造建築、いわゆる栗普請の建物です。

　晩香廬という名は、渋沢栄一が、「菊の花だけは晩節の香りがあり、後れて節を守るような……」と述べたことばからつけられたそうで、「晩節を清く」という想いがこめられた建物ということとなります。細部にはイギリスのアーツ・アンド・クラフツ運動の建築の雰囲気があり、暖炉や家具などのデザインにそれがよく現れています。

　この建物は、現地で修復が行われました。木造建築の場合は、解体工事、半解体工事など、さまざまな修復工事の程度がありますが、この場合は柱や屋根などの構造骨組みまで解体することはない修復でした。それだけ状態は良かったということでしょう。

■保存のポイント

　当時のデザインを保存することは無論、当時の材料、技法を最大限継承する試みがなされた。

　石工事、露台の補修、タイルやステンドグラスの修復、サッシやガラス窓の保全にも、目に見えない膨大なエネルギーが傾注されている。

■建築データ

[青淵文庫]

所在地：東京都北区
竣工年：1925（大正14）年
構造：鉄筋コンクリート・煉瓦造、2階建
設計：中村・田辺建築事務所
施工：現在の清水建設（株）
所有者：公益財団法人渋沢栄一記念財団
国指定重要文化財　2005（平成17）年
保存修理：2002-2003年

[晩香廬]

所在地：東京都北区
竣工年：1917（大正6）年
構造：木造瓦葺き平屋建
設計：田辺淳吉
施工：現在の清水建設（株）
所有者：公益財団法人渋沢栄一記念財団
国指定重要文化財　2005（平成17）年
保存修理：1998-1999年

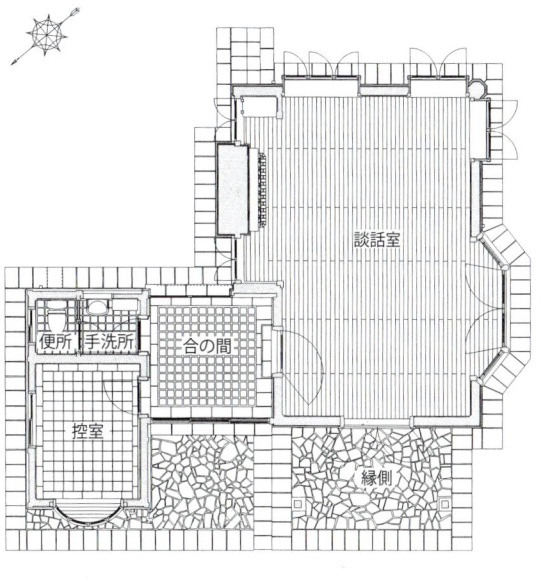

図8　晩香廬室内

図9　平面図

帝国ホテル旧本館「ライト館」
日米をつなぐ保存運動の原点

帝国ホテル旧本館の歴史と保存

　フランク・ロイド・ライトが日本に建てた代表作です。ライト個人にとっても代表作の一つになりました。

　ライトは、浮世絵など日本の芸術について、明治時代から盛んに調べたり、取引をしたりしていました。その成果を取り入れつつ2代目本館として、帝国ホテルが新しく造り直されるときに参画したようです。

　ところがこのホテルが出来上がった日に関東大震災が起きます。非常にドラマチックな話でもあるわけです。

　ライト館の保存は、近代、明治以降の建築の保存において非常に大きな話題になりました。都心部にある近代的建築の保存というので、国民的議論を呼びました。東京オリンピックの後、東京が本格的に国際化していく時代でした。当時、佐藤首相が訪米して、アメリカの代表的な建築家のライトが設計した建物ですから、何とか明治村にでも残しますと口約束して帰ってきたのだそうです。

図1　明治村旧本館正面玄関

元の場所には残すことはできないが、違う場所で何とか残しますということを表明したのです。しかし本当はあの場所で、日比谷の前にあれが残っていれば、帝国ホテルにとってももっともっと良かったのではないかと思います。後ろに土地がありましたから、後ろ側を高層化して、日比谷に面したところは、ロビー部分から孔雀の間の部分まで残せたかもしれません。

帝国ホテル旧本館の特徴

　大谷石とスクラッチタイルというのがライトが生み出したテクスチャーで、ライト館は、この二つがなければ成立しませんでした。ライトの第一の功績は、その二つを発見したことだと思います。

　ところが大谷石は、凝灰岩の中でも、さらに弱い部類の凝灰岩だと思います。関東では非常に大量に取れる石だから、目を付けたというのは素晴らしいと思いますが、擁壁とか、せいぜい石蔵のようなものに使ってい

図2　大谷石とスクラッチタイル：外部

図3　大谷石とスクラッチタイル：内部

図4　移築前の俯瞰写真（写真提供：帝国ホテル）

図5　大谷石装飾

ものです。彼はその風合いを好んだのでしょう。

　大谷石を使うということの技術的な難しさは、取り換えるときにどうやって取り換えていくかとかいうことと、それから加工技術がきちっと受け継がれているか、常にそのためにはコストがかかるということが絡みあっています。

明治村での再現

　ライト館で言えば、大谷石の非常に大きな水盤のような形の装飾のオリジナルが、一つはニューヨークのメトロポリタン美術館に残っています。オリジナルのピースは風化してしまって、外へ出しておけませんから、明治村でも外に置いておけません。複数あるパーツだから一つはアメリカに里帰りしたのです。そういう文化交流もあるし、ライト館というのは一部分ではあるけど、明治村に移築再現されております。それから大きな部材の一つがアメリカでも展示されています。こ

図6　玄関ホール

うした形でも、とにかく建物が生き続けている例だと思います。

明治村に一部を移して再現しましたが、大谷石の問題というのは、常に付きまとうわけで、材料をどういうふうに劣化を阻止していくかというのは、永遠の課題です。劣化を完全に止めるわけにはいかないので、この問題は今も残されています。

明治村でのこれからの課題

私は今、博物館明治村の館長なので、明治村にいますと、責任重大です。ライト館をどうメンテナンスしていくかが大きな課題です。つまり、アメリカから建築家が来たり、ヨーロッパから建築家が来たりすると、ライト館はどういう形で継承されてるのかが問われるわけです。

皆さん一応、よくロビー部分が残ったねと言ってくださるのですが、このメンテナンスがだんだん悪くなってくると、日本の保存というのはどうなっているのかと、みなされかねません。

常に、ベストで維持し、見守っていかなくてはいけないという責任を感じます。

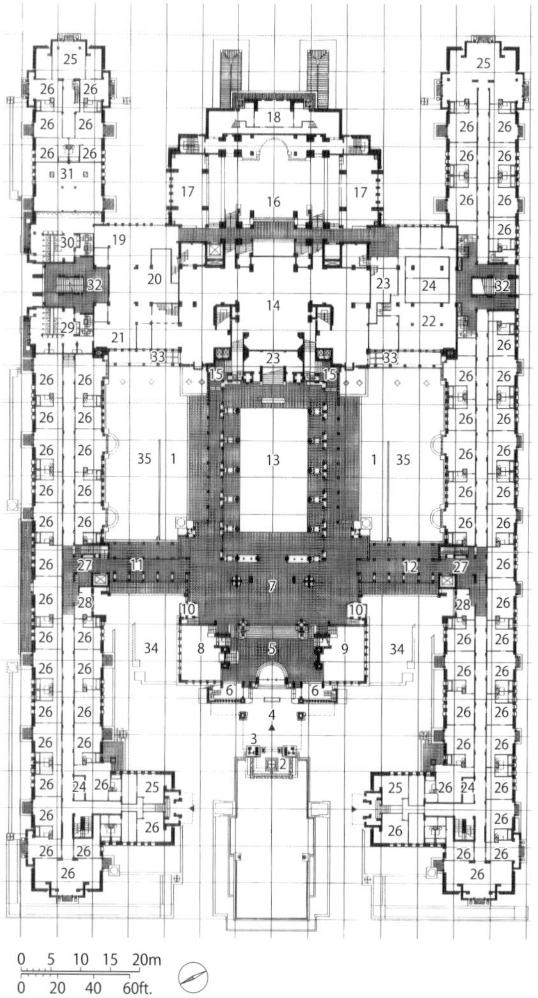

図7　平面図

■ 保存のポイント
- 谷口吉郎氏（のちに初代館長）と土川元夫・名古屋鉄道社長（当時）が協力して開封した明治村に、物理的に現地保存が不可能になった帝国ホテル旧本館の建物の一部（エントランス部分のみ）を移設する移築保存によって「様式保存」がなされた。
- 後世に永く残すために、建物の構造方式、構造体などを変更されているが、緑豊かな新天地において博物館として再生された。

■ 建築データ
帝国ホテル旧本館（ライト館）中央玄関
所在地：東京都千代田区（旧所在地）
竣工年：大正12（1923）年
構造：レンガ型枠鉄筋コンクリート造
設計：フランク・ロイド・ライト

1. 池
2. 表象的の壺
3. ポルト・コシエの西壁
4. ポルト・コシエ
5. エントランス・ホワイエ
6. フロント
7. ロビー
8. 婦人用ラウンジ
9. 紳士用ラウンジ
10. 売店
11. 北側ブリッジ
12. 南側ブリッジ
13. 大食堂
14. 厨房上部
15. プロムナードへの階段
16. キャバレー・レストラン上部
17. キャバレー・レストラン・アルコーブ
18. 楽屋
19. 饗宴場ロビー
20. チェック室
21. 婦人用ロビー
22. クラブ室
23. 厨房事務室
24. リネン室
25. 迎賓室
26. 客室
27. 階段ホール（客用）
28. フロア・ステーション
29. 婦人用トイレット
30. 紳士用トイレット
31. 撞球室上部
32. 階段ホール
33. オープン・エリア
34. サンクンガーデン
35. コートガーデン

山本有三記念館
文化人の残した遺産を活用する

山本有三記念館の概要

　旧山本有三邸は、遺族から三鷹市に寄贈され、平成9年（1996年）に「山本有三記念館」として開館されました。

　かつて、テレビで西洋館を拝見する番組があって、立派な西洋館を見て回る機会がありました。見城美枝子さんが番組のメーンキャストで、私は一緒に解説で出ることになりました。その中で取り上げたのが、この建物との出会いでした。そのときは、すでに三鷹市が保存・管理していましたが、その後の調査などのお手伝いをさせていただきました。

　武蔵野の面影を残す玉川上水に沿った1000坪の敷地に山本有三記念館は建っています。山本有三が路傍で見つけたという大きな石が入り口脇に置かれていますし、アプローチのむこうに自然石を積みあげたような大きな煙突が特徴の大正末期の洋館です。

　初代の主は清田龍之助というアメリカ・エール大学大学院出の実業家でした。洋行帰

図1　大正末期の洋館建築の外観

りで貿易を営む趣味の良い施主と、いまだ氏名不明の腕のよい設計者によって造られた郊外の洋風住宅なのです。明治期の元勲や財閥が建てた豪壮な洋館ではなく、洋風住宅というほうがふさわしい規模の洋館です。

建物の内容の特徴

デザイン的に見ると、テラコッタでペリカンの浮き彫りのようなものが作ってあったり、洒落ています。音羽にある鳩山邸は、鳩が方々に出てくるのですが、どこかデザインのセンスとして似ているなあというような変な気もして、面白い建物だなあという思いがしました。

いかにも当時の三鷹のはずれの郊外の西洋館という感じで、味わいのある建物です。そういう中でこの建物を買った作家の山本有三が、政治の人たちと付き合って、人が半分政治的な動きもしながら活動していたのだなというのが分かってくると、非常に印象深い建物です。

建物の運営と維持管理

建物を誰が管理して運営するかというのは、ある意味では決定的な重要性を持ちます。山本有三記念館の場合には、地元の三鷹市がこのような形で、ここに住んでいた人にふさわしい記念館として使い続けているというのは、理想的な形の一つだと思います。ただ建物だけを残しておくのではなくて、みんなで運営しないと、その建物は生きないということです。

この山本有三記念館は、よく運営することの大切さを教えてくれた典型的な建物です。私が訪れた頃は、品川さんという女性の学芸

図2　テラコッタによる浮き彫りのペリカン

図3　階段室：趣味のよい造作で構成されている

員の方がいて、随分一所懸命いろいろな企画の展示をされていました。歴代学芸員の方は、良い企画を立てていますが、やはり山本有三にふさわしいテーマを見つけて、それらしい催しをずっと続けられているのは、なかなか立派だなと思います。

■建物の歴史
　大正8年（1919）には吉祥寺駅ができ、敷地周辺は南井の頭田園住宅地として開発された。
　大正12年（1923）の関東大震災以降、東京郊外への住宅移転がおおいに進展し、東京女子大学、成蹊学園、明星学園など教育施設が周辺にできたのもこの時期である。
　作家山本有三がこの洋館を手にいれたのは昭和11年（1936）。劇作家として地位が確立し、執筆の中心が小説になった頃である。
　戦後は占領軍に接収され、返還後に国立国語研究所に供された。有三は東京都にこの敷地と建物を青少年の図書館として寄付し、その後、三鷹市に無償で都から移管され設備のととのった子供図書館として賑わいました。
　洋館は1996年に三鷹市山本有三記念館として再スタートし現在にいたる。

■保存のポイント
・内部は有三邸として使用されていた間取りが基本的に保存され、常設展示と企画展示にさまざまな形で使用されている。
・様式や表現はいろいろなスタイルが混在していて、こじんまりと品良く部屋ごとや用途ごとに使い分けられている。2階の有三が使用した書斎で、数寄屋風の和室のしつらえが復元されている。
・この洋館のもう一つの目玉は、三つの暖炉である。重厚、軽妙、オーソドックスとスタイルの違う暖炉が、

図4　「イングルヌック」と呼ばれる団欒のスペース

図5　サンルーム風となっている長女の部屋

図6　旧和室書斎にある棚下収納建具

図7　各部屋で個性的な暖炉

2階平面図

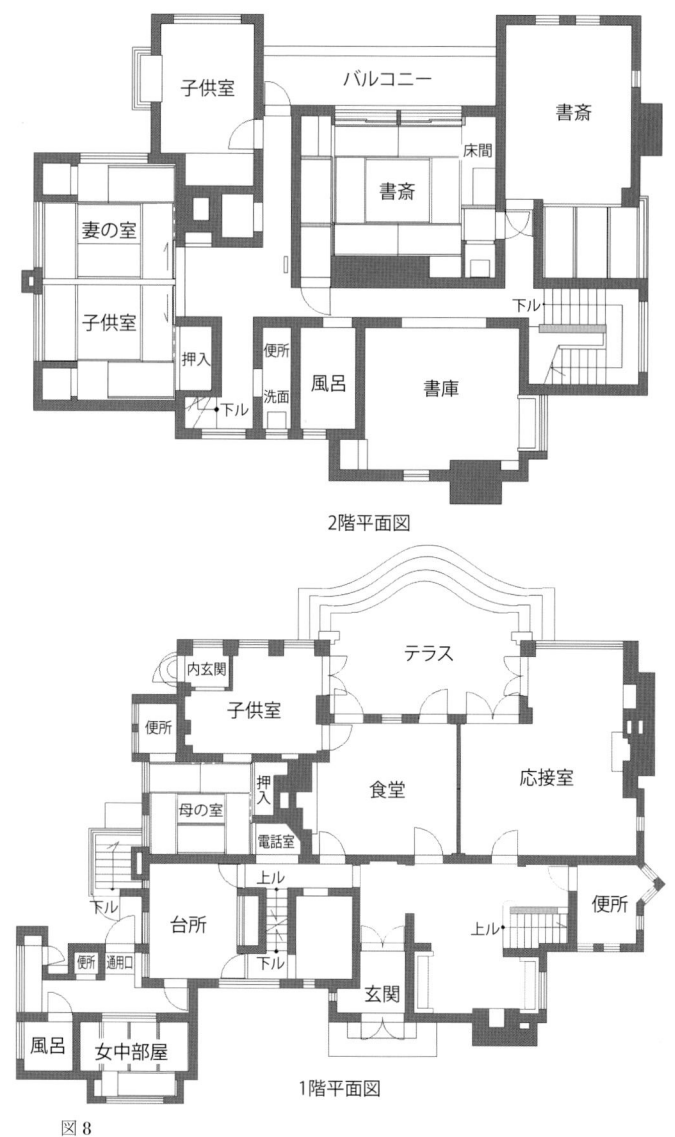

1階平面図

図8
（友田博通氏作成：「有三とご家庭の住まい方」に一部手を加えました）

来場者にも好評である。
■**運営にあたって**
　この館にはチームを組み三々五々訪れる文学散策者、建築見学者たちのすがたによく出会う。2009年に来館者30万人を突破している。
　山本有三という一人の文学者の文学館としては異例である。これは、年2回の魅力的な企画展を開催する館運営者たちの努力が呼び込んだものである。

■**建築データ**
所在地：東京都三鷹市
竣工年：1926年
構造：木造一部鉄筋コンクリート造、地上2階一部地下1階2階建て　屋根裏部屋付
敷地：3864.88m²　建物延床面積：415m²
設計：不明　施工：不明
所有者：三鷹市
三鷹市文化財指定　1994年
保存修理　1994年

旧日向別邸
プライベートな空間から公共空間へ

保存のきっかけ

　旧日向別邸は、タウトが日本で設計した建築物として唯一現存する作品です。地上の木造二階建て部分は渡辺仁が設計し、地下一階の室内をドイツ人建築家ブルーノ・タウトが設計しました。1936年に完成しました。もとは貿易商・日向利兵衛の別邸でしたが、後に日本カーバイド工業が所有し、ずいぶん丁寧に持っていてくださったようです。

　その会社が手放したときに、篤志家の女性がこの建物は何とか大事にしたいからと買い取った上で、地元の熱海市に寄贈されたのです。そこから今の保存と活用のプロジェクトが始まっていったわけです。

　私は彼女の側に立って、熱海に寄贈したタウトの建物を、「できるだけきちんとした形で残し続け、それから将来計画も立てていかなければだめです」というような応援団を作ったという感じです。

　いまは正式な委員会となって、定期的に会合を用いて、熱海市に提言を行っています。

図1　階段室に続くアルコーブを社交室から見る

（全撮影　兼松紘一郎）

文化の幅を広げた保存

　熱海市に寄贈されましてから、一般の方たちに公開されるようになりました。それまでプライベートな別荘だったものが、多くの人がタウトの空間に触れることのできる場所になったのです。その意味では熱海の文化の幅を広げる貴重な存在になっていると思います。

　熱海といえばやはり温泉街ですが、同時に別荘地ですからいろいろな建物があります。吉田五十八設計の杵屋別邸や、根津嘉一郎の別荘「起雲閣」、ちょっと山の上に行けば、岩崎小彌太のものすごい豪壮な別荘があったり、和風の別荘があったりしています。

　そういう中でブルーノ・タウトの旧日向別邸も存在しています。それが熱海の文化の幅の広さを示しています。旧日向別邸が公開されることで、熱海の性格が新しく知られるところにつながるような気がします。ここにこのような歴史的な興味深い建物が残っているというのはとても誇らしいことではないかと思います。

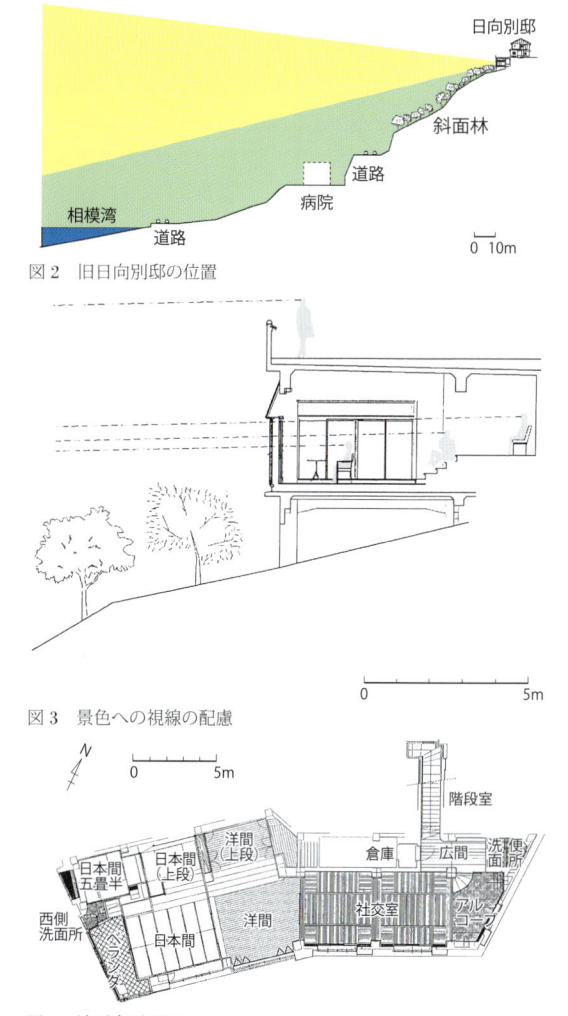

図2　旧日向別邸の位置

図3　景色への視線の配慮

図4　地下室平面図

図5　家具が配置された洋間

図6　上屋庭より相模湾をのぞむ

図7　日本間上段から日本間の開口を見る

図8　日本間上段を見る

図9　日本間

文化財の見方・ふれ方

　旧日向別邸を訪れた方は、建物の中に入ると竹の棒が使ってあったり、ひな壇みたいな段々とも床の間ともつかないような不思議なものがあったりするので、圧倒されてしまうと皆さん驚かれるようです。

　建築物を真に堪能するには、まずはその建物の中に入って、その中から外を眺めます。そして、建物の中を実際に歩き回って体験する。それが建物を味わう第一歩になるし、それはお庭から建物の外観を眺めるというのとは全然違うと思います。触れるというか、その中で体験することで、その建物を理解していく、建物の中に溶け込む自分みたいなもの、気持ちを味うことができます。だから、こうした貴重な建物の中に入れるということは非常に大事なことだと思います。

保存にあたって

　保存にあたっては、半地下の建物なので周囲から水が回ってきているようだし、将来的

にこのままでいいのか、また、上に木造の建物があるわけですけれども、それとの関係は大丈夫なのか、問題は数多くあります。崖の上の部分は庭になっているのですが、田村剛さんという造園家が手掛けた庭らしいということですが、それぞれの部分がそれぞれ価値がありそうなので、大変楽しみです。

　一般的に、文化財の保存は教育委員会が行いますが、当時の熱海市は観光担当の部局が担当していましたので、そこと連携しながら工事をして、観光資源としても役立てるというスタンスです。しかし文化財としての質をおろそかにしてはいけませんから、そこは明確な考えをしないといけないと思います。きちんとした予算を立てて、地盤改良から始めて修理をしてほしいということを申し入れました。かなり長丁場で抜本的に全体を整備していかなければいけないということを考えています。それに値する貴重な文化財だと思っています。

■保存のポイント
　貴重な文化資産であることを踏まえながら、歴史的建造物を保存活用する。
　具体的には、「ブルーノ・タウトの作品と人に触れる事が出来る場」を基本テーマとして、眺望と一体となった優れた空間を展示し、温泉付き分譲住宅の家や暮らしに触れる事が出来る場とする。

■建築データ
所在地：熱海市春日町
竣工年：1936（昭和11）年
構造：上屋＝木造2階建
　　　地下室＝鉄筋コンクリート造
設計：ブルーノ・タウト（上屋は渡辺仁）
所有者：熱海市
DOCOMOMO100選　2003（平成15）年
熱海市指定有形文化財　2005（平成17）年
国指定重要文化財　2006（平成18）年

■関係者
有徳の女性（寄贈した人）

■建物の歴史
　旧日向別邸は、タウトが日本で設計した唯一現存する建築物です。地上の木造二階建部分は渡辺仁が、地下一階の室内をタウトが設計し、1936年に完成しました。
　もとは貿易商・日向利兵衛の別邸でしたが、後に日本カーバイド工業という会社が所有します。
　その会社が手放したときに、篤志家の女性がそれを買い取って地元の熱海市に寄贈されたのです。

図10　渡辺仁設計の上屋（奥に隈研吾氏設計の「水・ガラス」）

図11　洋間に見るタウトの「色」と詳細

八幡浜市立日土小学校
国際的な評価を受けた保存活動

日土小学校保存のむずかしかった点

　日土小学校は、戦後の木造建築で、竣工した昭和33年（1958年）当時は、皇太子（現天皇）のご成婚や東京タワー完成など、戦後真っ盛りの、活気に満ちてはいても、まだまだ貧しい時代でしたから、建築としても非常に簡素なのです。

　平成11年（1999年）に保存運動が起きますが、建ってから50年程度しか経たないものだから、まだ歴史的存在というには新し過ぎる、それを保存するというのはまだ時期尚早じゃないのかとか、という風潮がありました。一方では、まさしくその時期の木造建築はどんどん建て替え時期に入り、次々と消えていく状態の中、日土小学校の地元では小学校を統廃合していく動きがあり、日土小学校も建て替えようという波が来ました。それに対して、この建物を何とかして残していくべきだという意見が出たのが、保存活動の最初の始まりでした。

図1　東校舎南側全景

保存活動にかかわったきっかけ

　かつて東京大学教授の内田祥哉先生は、日土小学校を非常に評価され、その存在を東京大学の学生を中心に皆さんに教えておられたようです。私は先輩からその話を聞いていましたので、保存運動が起きたときに、東京からお手伝いをしたということです。

　私としては、戦後木造建築という、保存活動において今までにないジャンルの建物であることと、戦後木造の建築についてきちんとした考え方をまとめておきたいという思いがありました。こうした対象はこれからもっと増えていくわけですから、その第一番目としては非常に重要な建物になるのではないかなという気がしたわけです。

図2　南側遠景

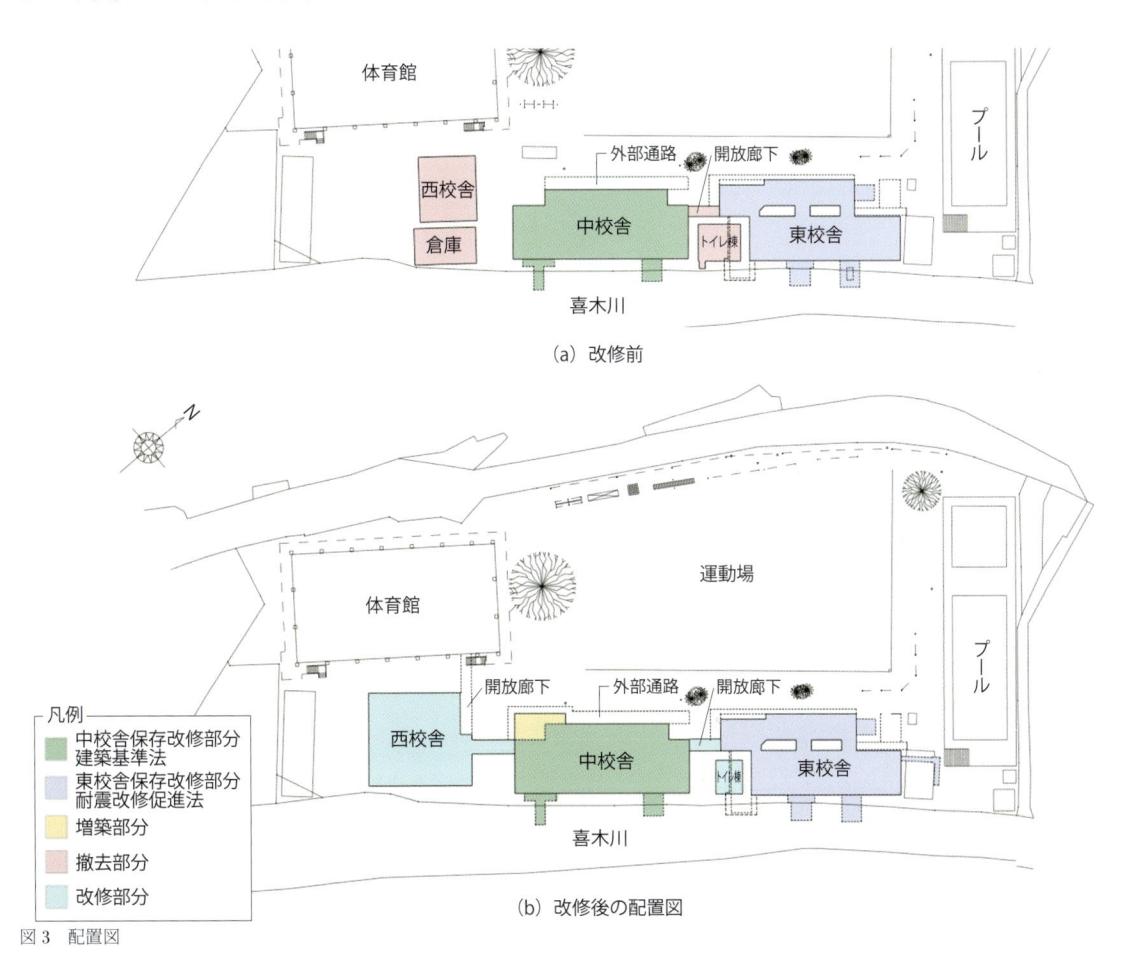

(a) 改修前

(b) 改修後の配置図

凡例
- 中校舎保存改修部分　建築基準法
- 東校舎保存改修部分　耐震改修促進法
- 増築部分
- 撤去部分
- 改修部分

図3　配置図

図4 東校舎昇降口および廊下

図5 南側全景

保存運動の拡がり

　この活動の中心となったのは、愛媛大学の曲田清維先生、神戸芸術工科大学の花田佳明先生でした。花田先生は、日土小学校を設計した松村正恒を研究していて、日土小学校のある八幡浜の近くに生まれたそうです。この二人のほか地元につながるような建築家の方がいて、その方たちが動いたからこそこの建物の保存・活用は実現できたのです。

　愛媛県八幡浜市という地域のネットワークがすごい力を発揮したからこそできた活動なのです。こうした建物を保存したり、活用したり、次の時代につなげていくのには、地元の力が大切だと、つくづく感じました。

保存の内容

　日土小学校は、建物としては、地元の建築家の松村正恒さんが設計された、ある意味では非常にローカルだけど、最先端な建築になっていました。

図6 東校舎北側全景

それが現在までによく残っているものですから、何とかその質を継承させたい。しかし、小学校統廃合の問題があったりしたぐらいですから、校舎として使い続けられないことには地元の人たちを説得ができません。そのためには現代の小学校として現役で使える性能を維持しなければならないのです。そこで構造の人、計画の人、それからアーキテクトがみんなで現代の小学校としての水準を確保するためにかなりな協力体制を作られた感じがします。

保存するにあたって

　保存に当たっては、コンクリートの瓦の、いわゆるセメント瓦の調達が大変でした。この材料は、安いし、質もよくないのですけれど、戦後間もない頃だったので多用されていました。新規に金型を起こして製造すると大変に費用がかかりますが、幸いにも、その金

図7　中校舎1階交流ラウンジより職員室・階段室を見る

図8　中校舎北側全景

図9　中校舎北側全景

図10　東校舎2階廊下

図11　東校舎1階理科室

図12　図書室

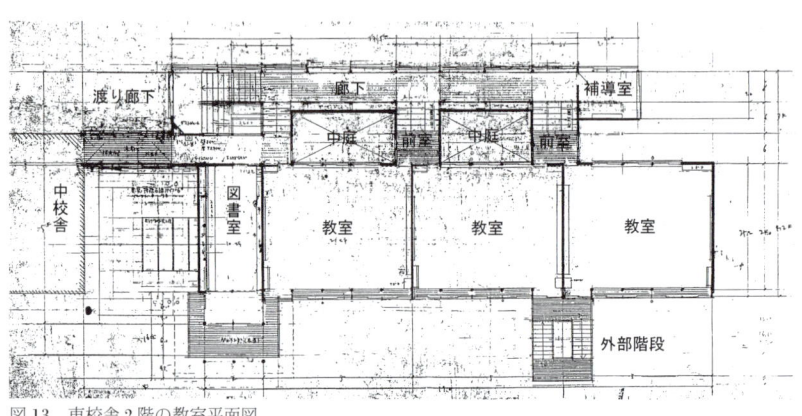

図13　東校舎2階の教室平面図

型を残していた工場がありました。その結果、辛うじてセメント瓦も使えたし、ほかの材料も何とか使えました。だけど材料は決してしっかりしたものではありません。それを丁寧に補修したり、それから強度的には補強をしたりという形で補修されました。これは木構造の第一人者である東京大学の腰原幹雄先生の努力によるところがかなり大きいと思います。

維持管理と国際賞の受賞

　現代の建築として現役で使えるもののレベルまで建物を性能アップすることも大切です。そうすると地元の人々に対して、この学校はまだまだ使えるいい学校ですよという説得になるわけです。木造による西校舎の増築などは、非常に参考になる事例です。

　日土小学校を当初の状態に戻しながら、耐震補強や新西校舎の建設などが行われ、再生工事が終ったときは、卒業生のおじいさん、おばあさんから、将来、孫や子どもが入るであろう親や祖父母の世代までが来て、すごくいい学校だと、使いつづけられることになってよかったと喜んでくださいました。

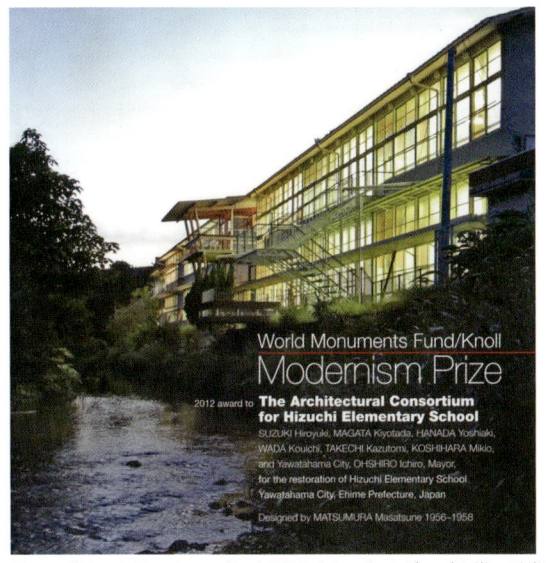

図14 「ワールド・モニュメント財団／ノール モダニズム賞」受賞記念パンフレットの表・裏

図15 保存にかかわった人（受賞記念のパンフレットの記事より）

■保存のポイント
・戦後木造建築の特性を残して改修。
・戦後教育の理念を体現。
・文化財的価値を維持しつつ、高度な教育施設としての機能も保持し続ける。

■建築データ
所在地：愛媛県八幡浜市
竣工年：中校舎1956年、東校舎1958年
構造：木造、2階建
設計：松村正恒
所有者：八幡浜市

八幡浜市文化財指定　2007年
DOCOMOMO Japan 20 選に選定　1999年
基本調査、基本計画：（社）日本建築学会四国支部
　　　　　　　　　日土小学校保存再生特別委員会
実施設計　建築　和田耕一（既存東校舎・既存中校舎）
　　　　　　　　武智和臣（新西校舎）
施工　宮工務店白滝本店、デンカ、四電工八幡浜営業所、
　　　小西建設、野本設備、伊藤組

■保存にかかわった人
鈴木博之、曲田清維、花田佳明、和田耕一、武智和臣、
腰原幹雄、梶本教仁ほか地元の多くの人達が協力

国立西洋美術館
歴史的建築と最新技術の組合せ

国立西洋美術館の歴史

　国立西洋美術館は、ル・コルビュジエの設計で、そして実施は、坂倉準三先生、前川国男先生、吉阪隆正先生というすごい人々がかかわってきた仕事です。

　戦後、松方コレクションが返還されてそれを日本に持ってくるのに、フランスのル・コルビュジエの建物を作って収めるようにという要請で生まれた建物です。コルビュジエの建物ですから柱だけのピロティが特徴で、構造計算すると危ないということがわかりました。ちょうど、阪神淡路の大震災の後で、こういう美術館建築は安全な建物でないとよくないということで、ほかの施設も見直される中で、西洋美術館の安全性の見直しをすることになったのです。

図1　外観アプローチ（正面）

免震構造にして保存

　この議論のなかで、西洋美術館が公共建築で既存の建物を免震構造にして保存をするという、最初の日本における実例が生まれました。

　構造補強の面では、東京大学生産技術研究所の教授だった岡田恒男先生が中心になって尽力してくださいました。

　当時の西洋美術館の館長は高階秀爾先生で、建設省（現在の国土交通省）に働きかけて免震構造で保存をするという、極めて画期的な道を開いてくださった例だと思います。

　今この美術館を、一連のル・コルビュジエの作品のひとつとして、世界遺産に持っていこうではないかという動きがありますが、阪神淡路大震災の後に、いわゆるごく普通の耐震補強をやっていたら、原型をかなり損なっていた可能性が大きいと思います。

ほかの建物への影響力

　西洋美術館の保存は、ほかの建物に対してもずいぶん影響力を持ちました。例えば首相官邸を建て替えましたけど、昔のライト風の首相官邸を免震構造にして残す。そして、新しい官邸を造るというふうになりました。免震構造を採用するのは、西洋美術館の免震化が実現されて以降、ある意味では常識的なメニューになっていったところがあります。

　やはり、ル・コルビュジエの日本における唯一の作品であり、それをおろそかにしてはいけないのではないかと、みんなが考えられたから、こうした道が開かれたのだろうと思います。

図2　外観右側

図3　本館展示室1

図4　本館展示室2

図5　新館展示室

図6　中庭に面した新館展示室

図7　19世紀ホールの上部に設けられた三角形のトップライト

　西洋美術館の向かい側に東京文化会館があり、その相互の関連をさらに充実できれば、地域全体が、いっそう素晴らしくなっていくと思います。

世界遺産への挑戦

　国立西洋美術館を世界遺産への登録しようとする趣旨には、この建物の特徴が盛り込まれています。

■建物の歴史

　戦後、日仏間の国交回復・関係改善の象徴として、20世紀を代表する建築家のひとりであるフランス人建築家ル・コルビュジエ（1887-1965）の設計により、1959（昭和34）年3月に竣工した歴史的建造物である。

　1998（平成10）年に地域に根ざした優れた公共施設として建設省より「公共建築百選」に選定され、2007（平成19）年には国の重要文化財（建造物）に指定された。

■建築データ

所在地：東京都台東区上野公園7-7

■本館

竣工年：1959（昭和34）年

構造：鉄筋コンクリート造、地上3階、地下1階、塔屋1階

設計：ル・コルビュジエ

　　　監理：坂倉準三、前川國男、吉阪隆正
　　　　　　文部省管理局教育施設部工営課（当時）

施工：清水建設株式会社

所有者：独立行政法人国立美術館

公共建築百選（建設省）1998（平成10）年

DOCOMOMO100選　2003（平成15）年

国指定重要文化財　2007（平成19）年

http://www.nmwa.go.jp/

■工事前　　　　　　　　■免震化

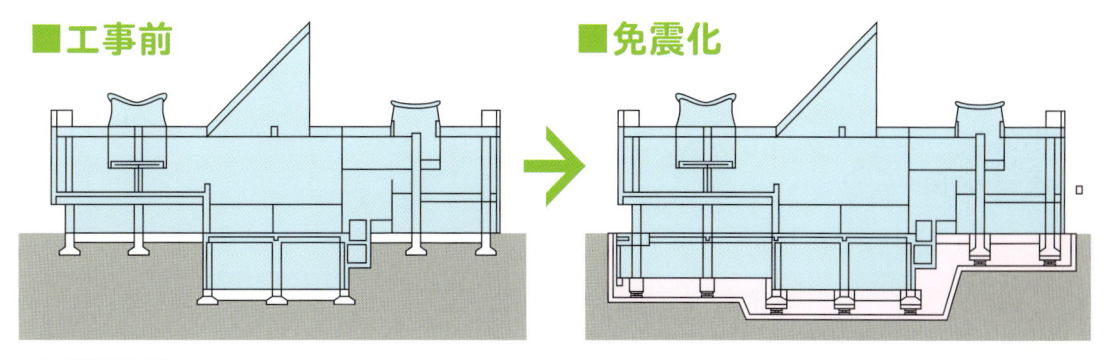

■配置図

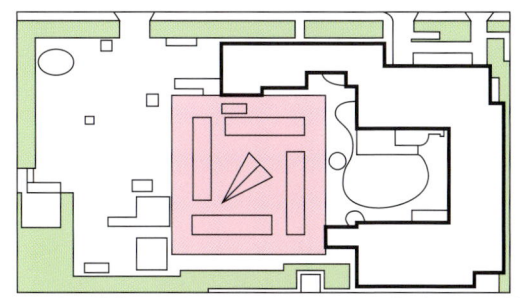

図8　免震構造での保存（免震レトロフィット：「国立西洋美術館　建築探険マップ」より）

図9　外観左側

1976年以降、消えた建物群

各論 場所・歴史・文化・建物の保存

 Ⅰ 奏楽堂と上野の杜 094
 Ⅱ 内匠寮の人と建築 103
 Ⅲ 明治生命館という建築 112

I 奏楽堂と上野の杜(もり)

都の東北「上野の杜」の変容

　上野の杜には、博物館があり、美術館があり、東京芸術大学がありますが、その奥には東叡山寛永寺があります。上野の杜は本来は寛永寺の寺地でした。寛永寺こそ「都の東北」に位置を占めるべく創建されたものでした。ここでいう東北とは、江戸城から見ての東北です。

　東北は、丑寅の方角つまり鬼門です。寛永寺は、江戸城と江戸の町の鬼門を鎮護するべく創造された寺院でした。念のために言えば、この軸上の反対側、ここでは都の西南は未申の方角ということになりますが、こちら側を鎮護するためには芝の増上寺が置かれました。つまり、寛永寺と増上寺は江戸の鬼門の軸上に位置して幕府を安泰ならしめる意味を込められたのです。代々の将軍の墓所がこのふたつの寺に代わる代わる設けられていった理由もそこにあります。

　こうした歴史があればこそ、江戸幕府崩壊の日に、最後に幕臣の意地をみせた彰義隊の面々は寛永寺にたて籠ったのでした。上野の

図1　上野周辺

杜には、江戸時代全体を通じての万感の思いが彰義隊によって込められたのです。

　彰義隊の抵抗が、はかなくも潰え去り、時代が明治に移ってから、上野の杜は博覧会の場となり、博物館の場となり、動物園の場となり、そして美術と音楽の場となったのでした。宗教の場は戦場となり、そして文化の場へと変っていきます。それは、江戸にとって死命を制すると言えるまでに重視された土地を、新しい首都のなかで、新しい生命をもって甦がえらせるための変容でした。

　奏楽堂は、こうした江戸から東京へとつづく長い歴史をもった土地が、明治以降新しく文化の地として甦えった生命の象徴的意味を担って存在しつづけてきたのです。

　奏楽堂を保存し再生しようとする多くの人びとの議論のなかで、「奏楽堂を上野以外の場所に出してしまってはならない」というコンセンサスが、何も言わないうちからはっきり形成されたのは、このような歴史性を皆が感じていたからに他ならないでしょう。

　文化的な価値の建物を保存する場合には、その建物がそのままの場所に残される**現地保存**という考え方と、その建物をいったん解体して別の場所に建て替えて保存する**移築保存**、建物の一部分だけを新しい建物に組み込んだりして保存する**部分保存**、精密な調査を行なって、図面を含む**調査記録**だけを残す**記録保存**などの考え方があります。

　さらには、建物は建てられてから必ず改造や増築などの変化を経ていますので、当初の姿に戻して保存する復原という考え方や、保存する以上何か新しく役に立つように改造すべきだとする考え方、あるいは形やイメージを新しい建物に受け継がせればよいとするイメージ保存など、手法的にもさまざまな選択肢があります。

　奏楽堂の場合には、現地における復原保存がつねに主張されつづけ、その考え方に従って検討が繰り返されました。

　何故、奏楽堂の保存において現地における復原が主張されたのかを考え直してみると、そこにこの建物が現代の我々にとってどのような意味をもつものだったのかが明らかになってくるに違いありません。

図2　上野公園

ゲニウス・ロキに満ちた土地

　まず第一に上野という土地です。すでに述べてきましたように、上野には江戸以来の歴史のなかで認められ、形成されてきた大きな性格がありました。

　東叡山寛永寺が江戸の大寺として江戸城鬼門の鎮護のために設けられたのは、寛永年間のことでした。年号を寺号にするのはその寺院が国家的な重要性をもつからであり、同様の例としては、延暦年間に創建された京都の比叡山延暦寺があります。

　寛永寺は、まさしく江戸における延暦寺として、東の比叡山という意味を込めて東叡山と名づけられたのでした。ここに、寛永寺は京都と江戸を結びつける新たな軸を形成するという役割を担っていたことが知られるのです。寛永寺の下に広がる不忍の池は、京都から比叡山を越えて眺められる琵琶湖になぞらえて考えられるようになり、不忍の池の中央にある弁天堂は、琵琶湖のなかに浮ぶ竹生島になぞらえられるようになります。

　京都との関連は、いまの上野公園の中ほどの崖に面して懸け造りという迫り出した舞台をもって建てられている清水堂にもうかがうことができます。

　寛永寺―増上寺という江戸の軸をつくり出し、寛永寺―延暦寺という京都、江戸を結ぶ軸をも形成するのが上野なのです。

　上野の意味づけのなかには、方位や地勢を敏感に読みとる価値観と感受性がありました。それが東京を生き生きとした意味ある都市としてきた秘密です。これは昔の日本の、特殊な理屈、いわば一種の封建遺制の迷信に近いものだと思われるかもしれません。けれども、このような感受性は決して日本のある時代のある特殊な考え方ではないのです。

　西欧においては、ゲニウス・ロキという概念があります。

　この際注意しておくべきことは、**地霊の力（ゲニウス・ロキ）**という言葉のなかに含まれるのは、単なる土地の物理的形状から由来する可能性だけではなく、その土地のもつ文化的・歴史的・社会的な背景を読み解く要素もまた含まれているということです。

　上野という土地には、日本におけるゲニウス・ロキの顕現の好例が見られるように思われるのです。ゲニウス・ロキの概念は地形の

図3　上野動物園

図4　不忍の池中央の弁天堂

際立った特徴、起伏や眺望を出発点にして形成されていくものなのです、ただちにそれは神話を生み、連想を引きおこし、その土地固有の性格となって人びとの記憶に棲みついていきます。

　我々はそうしたゲニウス・ロキを、そうと意識することなしに日常的に使っているように思われます。霞ケ関といえば官庁街のことであり、赤坂、六本木、西麻布などといえば、それらしい流行の先端が思い浮かびます。親類を呼ぶときに、深川のおじさんとか目黒のおばさんといった呼び方で用を済ませることも多いのではないでしょうか。

　つまり東京のように広大で近代的な都市であっても、そこはのっぺらぼうに広がる無性格な空間ではなく、それぞれに性格をもった、言い換えるならばゲニウス・ロキに満ちた土地の集まりなのです。近代都市の非人間性が批判されるときには、このゲニウス・ロキの衰退した都市が無意識に批判されていることが多いと考えられます。確かに現代の都市は、それぞれの土地の性格をひとつの均質な近代性という利便さのうちに呑み込み、空間の性格を無化していきつつあります。文化的な遺産を保存し、それらを再生していくことは、このような現代都市にふたたび個性を取り戻し、さらには新しい個性を与えていくことでなければならないのです。

文化財をその土地に返す

　文化遺産の保存において現地保存の重要性が説かれるのは、都市におけるゲニウス・ロキと深くかかわっています。

　建物はその土地の歴史から生まれ、その土地の歴史を作り上げてきたものです。こうした建物は、その土地に根づきながら残されてこそ、土地の性格の証人でありつづけることができるのです。土地から切り離されて保存された建物は、歴史的資料のひとつとして重要でありつづけはするけれども、その建物が生まれ出てきた背景は理解しがたくなってしまいます。

　文化遺産である建物は、その建物が成立した土地にありつづけることによって、その建物のもつ意味を雄弁に語ることができるのであります。けれども、現地保存の意味には、それだけではないものがあります。文化遺産

図5　芝増上寺

図6　上野寛永寺

的な建物が残りつづけることによって、その土地自体も、逆に自らのゲニウス・ロキを確認しつづけることができるのです。

　土地の性格は、手をこまねいて見ているだけでは、すぐに消え去ってしまいます。かつては有名であったのに今は消えてしまった名所というのも数多くあります。地霊といえども、人が放置しておけばその力は弱まるものなのです。文化遺産がその土地に残りつづけることは、その土地の歴史的性格を保ち、継承しつづけていくうえで何にもまして役に立つのです。

　上野が東京における文化のセンターであるといっても、そうした歴史的性格形成に関わってきた建物が他の土地に移っていってしまうなら、上野という土地の性格はそのぶんだけ弱くなります。無論土地の性格というのは建物ひとつが無くなったから消えてしまう程弱いものではありませんが、こうしたことの積み重なりが、いつしか上野の性格を変化させていくのです。

　上野に奏楽堂を残しつづけることは、奏楽堂という文化史上の遺産にとって望ましいと同時に、上野にとっても望ましいことなのです。建物のように大がかりで、本来土地に結びついた文化財は、その土地を個性あるものにするという使命をももっているのです。文化財をもつ深みのある場所が、東京に個性を与えてくれるのです。

　文化遺産の保存は、こうして街の個性を育てていく街づくりにつながっていきます。文化遺産と土地は、双方が助けあい補いあって保存されるべきものなのです。我々はこれを、「文化財をその土地に返す」と呼んでいます。

　東京のような大都市では、文化遺産を現地保存するのは極めて困難です。けれども逆にそうだからこそ、無性格な都市に個性を恢復するために、現地保存が求められなければならないのです。

　奏楽堂に関しては、愛知県犬山市にある財団法人明治村への移築保存、あるいは隣接する荒川区からの移築への協力申し入れなど、好意ある話がいくつか起きて、もし移築するとなればどのような場所が用意されているのかを、保存を求める側の者たちも見学したり

図7　東京藝大の赤煉瓦建物

図8　東京藝大旧本館の玄関

もしました。けれどもやはり奏楽堂は上野を離れるべきではないとする判断が最後には働いたのでした。

これこそ、ゲニウス・ロキの力というべきでしょう。

地元の熱意と決断によって

現地保存を考えるとなれば、その保存には所有者や地元の協力がとりわけ大切になってきます。

取り壊されようとする建物を国や保存団体が買上げたり引き受けたりして移建する場合でも、所有者や地元の協力は不可欠ですが、現地保存は地元や所有者の協力なしには絶対に成立しえません。

奏楽堂の場合、それが当初から建ちつづけてきた東京芸術大学のキャンパス内に残されるのが最善でした。しかし、教育施設の充実計画その他から、現地保存は敷地の物理的条件のうえから無理ではないかと考えられるようになってきました。しかしながら、最小限の移動はやむを得ないにせよ、上野公園内に奏楽堂がありつづけてほしいという保存側の意見にかわりはありませんでした。

奏楽堂の保存運動は、実質的にはここから出発し、ここを目標としたものでした。政府および国会への働きかけ、東京都知事への要望などを通じて、問題は徐々に煮つまっていきましたが、そのプロセスを通じて、国、都、そして地元台東区の協力が得られれば、上野の杜に奏楽堂を保存することは不可能ではないという希望が現われてきました。

最終的には台東区の全面的協力のもと、奏楽堂は台東区が引き受けて上野公園内に復原保存するという方向が決定されたわけです。

この結果を見るに至るまでには、多くの方面からの努力が必要でした。文化財保存事業は国による重要文化財指定などに見られるように、国としての保存の決定が中心的な意味をもっています。しかしながら、奏楽堂の保存には都および区による地元のバックアップがなされない限り、その実現はあり得なかったでしょう。

地元の熱意と決断によって保存が最終的に決定した例として、この建物の保存は大きな

図9　東京帝室博物館

影響力をもちました。東京の場合、区が近代の文化遺産を自らが主役となって保存する機運が、これを機会に大きく開けてきました。奏楽堂の保存が決定して以後、豊島区が旧宣教師住宅を保存するなど、好ましい例がふえてきたのです。

「文化財がその土地に返され」つつあるわけです。

　地方自治体が文化遺産の保存に積極的にのり出しはじめたことの背景には、保存が街づくりの核として役立ち、行政と住民の出会う場となり得るという認識が働いています。都市において、近代以降の建築遺産はいまやかけがえのない文化資産なのです。奏楽堂の保存は、これからも都市内の文化財の保存のあり方のモデル・ケースとして参照されつづけるに違いありません。

使われつづけてこそ意味がある

　上野公園内に保存が決まった奏楽堂には、最後の、そして最大の問題が残されていました。奏楽堂をどのような施設として保存し、どのようなかたちで活用していくかという課題です。物のかたちとして奏楽堂が残っても、それがどのような使われ方をするかによって、その意味は大きく変ってしまいます。

　奏楽堂の保存に対しては、それまで、大きくふたつの立場に立つ人びとが働きかけていました。そのひとつは、言うまでもなく奏楽堂を使い、奏楽堂に育まれてきた音楽家たちです。音楽家の人びとは奏楽堂を、単なる歴史の証人、過去の記念碑として残せと主張したのではありませんでした。彼らは奏楽堂が自分たちを力づけ、インスパイアしてくれる存在であったことに意味を見い出したのです。そうした存在として働きかけつづけるものであることを保存運動に求めたのでした。そこからは、奏楽堂が音楽活動の場でありつづけるような保存のイメージが湧いてきます。

　奏楽堂保存のもうひとつの立場は、私自身もそうであったのですが、建築史の研究を通じて奏楽堂の意義を評価するというものです。こうした立場に立つ場合にも、奏楽堂の

図10　雑司ヶ谷宣教師館

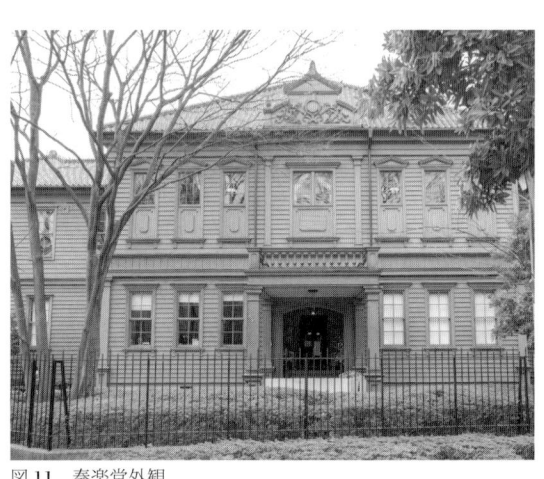

図11　奏楽堂外観

保存は、博物館のケースの中に収められて残されるようなものではなく、生きて使われつづけるべきものとイメージされました。

　建築物は必ず役割を担って生まれ出てきます。社会の要請のもとで、具体的な機能をもって成立するのが建築なのです。そうした建築が、空家のように、使われることもなく残されるのは決して望ましいことではありません。<u>建物は使われつづけてこそ意味があるのです</u>。特に近代以降の建築は、地価の高い市街地に建っていることが多いためもあって、保存と再利用計画を立案することとは、ほとんど同義でした。

　こうしたふたつの立場から主張された奏楽堂の保存が、音楽活動の場として使われつづける奏楽堂を目ざしたのは当然でした。ここに奏楽堂保存の第二段階、パイプオルガンの復元にむかう運動がはじまりました。

　この段階では、以前にも増して多くの人びとが奏楽堂の再生のために結集しました。音楽が万人のものであるという理由がそこにありますが、それにもまして重要だったのは、この保存が台東区をはじめ、地元の深い理解と責任のもとに進められていたという事実です。

　奏楽堂が上野という地元に、地元の力によって保存されることになったために、地元の人びとにとっては、その将来の活用の方向が自分たちの問題となっていったのです。

　奏楽堂の舞台正面に据えられていたパイプオルガンが、奏楽堂の当初からの装備でないという理由から、復元の際にはオルガンは取りはずして別に考えてはどうかという意見もありましたが、奏楽堂が音楽の場として生きつづける上では、パイプオルガンの無い奏楽堂は考えられないという意見が大勢を占めました。

　こうした主張は極めて当然の主張ではありましたが、それが現実のものとなったのは、やはり地元の人びととの力が大きかったと考えるべきでしょう。

　音楽家と建築史家たちの主張から、地元の人びとをも含んだ保存運動へと広がりが生じたときに、パイプオルガンの音の響く奏楽堂が可能になったことの意味は大きいのです。保存に台東区という地元がのり出したことに

図12　奏楽堂でのコンサート活動

よって、保存を支持し、推進しようとする人びとの輪も広がったのです。

建物の保存における地元の力の重要性が、奏楽堂の場合ほど明らかになった例はこれまで少なかったようです。この点でも奏楽堂保存は、文化遺産の保存が街の個性に結びついていくモデルケースであったと言えるでしょう。

無論、奏楽堂の保存再生がすべての点で満足のいくものであったとは言い切れませんが、東京芸大の施設として活用しつづけられなかったことを残念に思う人もあろうし、復元工事の方針に別の立場から異を唱える人がいるかもしれません。しかし大局的に考えれば、奏楽堂は音楽家、建築史家、地元の人びとが行政や管理責任の立場にある当局と議論したり協力したりするプロセスの中から、保存再生を切り開いていった望ましい事例であるといえます。

文化遺産の保存再生は、常に個々別々の条件のもとで考えなければその具体策は見い出せないものですが、奏楽堂の場合は、文化遺産に関わる多面的な立場からの支持を結集することの重要性を示した事例として、今後のモデルとなりつづけるであろうと思っています。

これからの奏楽堂の活用のされ方が、最終的に我々に奏楽堂の意味を教えてくれるものとなるでしょう。

図13　奏楽堂のパイプオルガン

II 内匠寮の人と建築、赤坂離宮

新たな伝統の創出という課題

　現在の迎賓館赤坂離宮が明治42年（1909年）に当時の東宮御所として竣工したとき、その設計の中心にいた片山東熊は、宮内省内匠寮の内匠頭でした。彼がこのとき率いていた内匠寮という組織は、明治以降の宮廷建築の造営・管理・修復などを担う部局でした。この組織は現在宮内庁管理部となって継続しています。ここには明治期から昭和20年までに宮内省内匠寮によって建てられ建物群と、それを完成させた人びとが網羅されます。

　内匠寮という名称は、古代律令制のなかにすでに存在しており、造営に関わる職務をもっていたようですが、幕末には修理職という役職が細々とつづいていたというのが実情でした。しかし修理職という名称もこれ自体は内匠寮と同じく古く、律令制に定められているものでした。こうした皇室関係の造営・営繕組織が明治維新以後、宮内省のなかで内匠寮として再確立されていくのです。そこには王政復古のなかに「維新」とともに存在した「復古」の意識が投影されているのでしょう。このプロセスをここで細かく述べること

図14　赤坂離宮・青山御所総図（大正9年12月）

はしませんが、明治政府が必要とした多くの組織のなかで、宮内省内匠寮の役割は国家の中心を構成する建築造形を新たに形成することでした。「新たに」と述べたのは、明治以降の皇室の建築群は決して江戸以来のものではなかったからです。伝統を意識しつつも、新たな伝統の創出こそが内匠寮に課せられた課題であったにちがいないのです。

内匠寮の仕事は、まず第一に宮殿の造営にあります。天皇を中心に据えた国家の中心施設が、宮殿であることは間違いのないところだからです。しかしながら維新後、明治2年(1869年)に天皇が京都から東京に移り、その宮殿がもとの江戸城内に営まれるにあたっては、新たな宮殿造営はなかったのです。旧江戸城西の丸御殿が宮殿として転用されたからです。この時期には宮殿は皇城と呼ばれていました。この、西の丸を転用した皇城は明治6年に失火から炎上し、天皇は現在、迎賓館や東宮御所などの建つ地区に設けられた赤坂離宮に移ります。しかしながら、この赤坂離宮もまた転用建物です。すなわちこれはもともとは紀州徳川家江戸中屋敷でした。

しかしこのままの状態で天皇が赤坂に居つづけるべきではありません。本当の皇居宮殿が必要であることは誰の目にも明らかで、明治初年にあって、宮殿の建設は焦眉の急であったのです。

しかし、赤坂の仮皇居から天皇がまた旧江戸城内の新しい宮殿に戻るのは、ようやく明治宮殿と呼ばれる建物が完成する明治22年(1889年)になってからです。この時完成した明治宮殿こそ、内匠寮の存在を示す作品であり、傑作でした。なぜなら内匠寮の形成じたいが明治宮殿の建設と軌を一にしているからです。

明治政府は明治2年に宮内省を設置しましたがそこにはまだ内匠寮はありません。明治4年に内匠司が設けられ、これは2年後に内匠課になりました。そしてこれは明治18年(1885年)に内匠寮となり、この内匠寮は昭和20年、日本の敗戦とともに明治体制が終焉を迎えるまで存続するのです。

内匠寮が設置される明治18年には、すでに明治宮殿の建設がはじまっています。前年末に皇后は皇居内の吹上御苑に行啓して、宮

図15　明治宮殿外観

殿と宮内省の建設用地の地形・杭打ち工事を視察しています。すなわちこの宮殿建設が本格化するのと軌を一にして内匠寮が生まれているのです。無論、宮殿建設のためには皇居御造営事務局が設けられてその任にあたっていたが、内匠寮の成立と明治宮殿の造営が不即不離の関係にあったことは明瞭です。

明治19年(1886年)の年末に皇居御造営事務局に加わるのが工部大学校第一回卒業生のひとり、片山東熊(とうくま)です。彼はその後の人生を宮内省で過ごしていきます。建築家として内匠寮のトップである内匠頭になるのも彼がはじめてのことです。ここに明治宮廷建築家としての片山が生まれていくのです。しかしながら内匠寮の伝統は片山によってはじめてつくられたものではなく、幕末からの伝統、そして木造建築の伝統を受け継いできた建築家の流れが存在していました。

木子清敬(きこきよし)はその代表で、木子家は幕末には修理職に連なる技術者として、既に京都で御所に仕えている工匠です。彼は明治22年から33年まで、帝国大学(現・東京大学)において、日本建築を講師として教授し、さらには伊東忠太とともに平安神宮の造営に携わりました。こうした履歴には、彼が日本建築の技法を新しい教育体系のなかに広く伝えたことが示されています。また木子清敬以外に、白川勝文、樋口正峻も京都から出て明治政府に仕え、大蔵省営繕司から内匠課、内匠寮と移っていた技術者たちです。彼らが幕末の御所の建築の伝統を、明治政府における天皇の建築へと繋げていったのです。そして明治宮殿は木造の殿舎造営の技術をもつ彼らが中心となって行なわれたのです。

明治宮殿は戦災によって焼失し、現在その姿を見ることはできません。しかしながら家具や内装材の一部がわずかに伝えられており、明治宮殿の材質を知ることができます。写真に窺われる宮殿正殿は折上げ格天井をもち、そこに壮麗なシャンデリアがつき、床も寄せ木張りであり、和様折衷のデザインです。明治宮殿の家具の一部は明治村に残されており、壁紙やカーテン、織物などの一部は川島織物に保存されており、これに宮内庁に残される図面などを参照すると、当時の雰囲気が伝わります。鮮やかな紅のファブリック

図16 明治宮殿内観

（織物）など、予想以上に華やかな意匠がそこには見い出され、明治の息吹きとはこうした華麗なものであったのかと賛嘆してしまいます。また、当然とはいえ、この宮殿には西洋的な図柄やディテールが随所に見られ、瓦屋根をもった外観から想像する以上の折衷的室内意匠をもっていたことが知られます。

　こうした意匠は、どのようにして生み出されていったのか、興味は尽きません。木造宮殿であるから、工部大学校出身の建築家たちの知識よりは、幕末から伝えられた伝統の木造建築の技がベースになったといえますが、それだけではとても生み出せない新しさがここにはあります。水子、白川、樋口ら、京都から扈従（こしょう）してきた技術者たちは、この宮殿の設計の中心として活動し、新しい意匠と古くからの伝統を織り交ぜることによって「新しい伝統」を生み出していったのです。無論そこに参加した工部大学校出身者たちの西洋建築の知識も重要な役割を果たします。宮殿の建設には皇居造営事務局（後に御造営事務局）が設けられ、当時の日本最大の設計組織を形成していたのです。こうした事業の母胎となった宮内省内匠寮とは、墨守の府ではなく、むしろ進取の府であり、明治宮殿の特質は和様のうえに西洋風宮殿の意匠を重ねた、建築表現の重層性にあるといえましょう。

幕末から明治へ連続性のある仕事

　内匠寮が手がけた建築作品には、宮殿以外にもさまざまな種類があります。明治宮殿がその中心に存在しましたが、多くの離宮や東宮御所、御用邸、宮家の邸宅、宮内省庁舎と関連施設、さらには御料牧場、鴨猟のための施設、昭憲皇太后以来の御養蚕所、博物館、正倉院などの修復、移築なども含まれます。このような多彩な建築群を設計し、監理する組織が内匠寮だったのです。そしてこうした造営のためには東京には猿江貯木場という、幕府以来の木材供給施設・加工場が存在していました。極めて多様な建築群を木材の供給・加工からはじめて、全体を総合的なつくり上げていくシステムをもった造営組織が内匠寮です。明治天皇が歿した後には、その墓所である桃山御陵の造営にも携わっており、

図17　明治宮殿正殿内部

まさしく皇室のために「揺りかごから墓場まで」の施設の設計を担当する組織でした。

　明治以降の建築設計組織の多くは、新たな洋風建築技法の導入と実践のための組織でしたが、宮内省内匠寮は複合的で重層的な性格の組織でした。そこにおいては木造、レンガ造、鉄筋コンクリート造の建築が造られるとともに、極めてオーソドックスな伝統的和風御殿から数寄屋風の和風建築、古典主義的西洋建築、さらにはアールデコや表現主義的な建築までもがつくられてきました。それはひとつの建築群と呼ぶにはあまりに大きな世界を形成しているのです。

　しかしながら内匠寮の手になる建築は、皇室関連の施設であるという性格上、これまで一般の我々の目に触れる機会が極めて少なかったのですが、その歴史のなかには多様で、質の高い建築群が秘蔵されているのです。そのひとつの特色として、幕末から明治にいたる連続性をもった造営の仕事がここには見いだされることが挙げられます。明治以降の新たな伝統の創出と、幕末以来の伝統の継承が時間的に連続して受け継がれていることに注目しておく必要があるでしょう。

　幕末以来の伝統の継承を示す京都における仕事に、現在二条城本丸御殿として用いられている建物があります。これはもと桂宮家の御殿であった建物で、御所近くの今出川から移築された建物です。幕末の京都御所は、その周囲を多くの公家たちの屋敷によって囲まれていました。御所の南には西から西園寺、鷹司、有栖川、富小路の諸家の屋敷が建ち、西に一条家、北に近衛、桂、そして中山の諸家が屋敷を構えていたのです。弘化4年（1847年）に建てられたこの御殿は中2階をもつ建ちの高い2階建てで、幕末の安政元年に京都御所が焼けた際には、1年7カ月ほど仮御所として用いられた建物といいます。この建物は明治になってからも桂宮家によって使われつづけ、そこには天皇の行幸もしばしばありました。やがて宮家が絶え、天皇自身が東京へ去ってから、この御殿は二条離宮となっていた二条城に移築されて現在にいたっているのです。幕末に桂宮御殿の造営がどのような組織によってなされたかは解りませんが、明治27年に移築された際には内匠

図18　二条城本丸御殿

寮の技術者たちが携わっています。この御殿の数寄屋風の2階座敷に上がると、幕末の宮家の御殿が風雅な遊び心に満ちていたことが感じられます。明治天皇はこの2階座敷からの見晴らしを好んで、御殿が二条離宮に移築されてからもしばしば訪れたといいます。明治宮殿の華麗な世界と、二条離宮に移された旧桂宮御殿の数寄屋風の世界との間に、明治の宮廷の世界は拡がっているのです。

こうした建築の広がりは、明治の末になって東宮御所（現・迎賓館赤坂離宮）によってひとつのピークを迎えます。明治26年2月に東宮御所御造営調査委員会が設けられ、明治31年8月17日に東宮御所御造営局が設置されます。ここで技術者の最高位である技監を務めるのが片山東熊です。明治宮殿が木子清敬らの最高作と考えられるのに対して、東宮御所は片山東熊を頂点とする建築家たちの最高傑作となりました。この建物は内匠寮の最高傑作であるだけでなく、明治建築の最高傑作ともいわれます。仕上げの精緻なこと、材料の吟味の行き届いていること、外観の構成の壮大なことなど、わが国におけるネオ・バロック建築の頂点を示すと考えられるからです。

ここには西欧の宮殿建築から学んだと思われる要素も処々に見いだされます。正面ファサードの構成に見られるウィーンのノイエ・ホーフブルク宮殿との類似性、庭園側ファサードに見られるフランスのルーヴル宮殿東正面との類似性などはしばしば指摘されてきました。しかしながらよく考えてみると、東宮御所の建築がヨーロッパの宮殿の建築的構成に類似しているというのは奇妙です。なぜなら王宮と東宮御所は性格が異なると考えられるからである。東宮御所の場合には、皇太子の私的宮殿という性格がもう少し現れるのではないかと思われるからです。

これは東宮御所の機能的性格を見ていくことによって理解されます。東宮御所は迎賓館としての性格を当初から併せ持っていました。東宮御所において、皇太子の住居としての機能は主として1階部分に収められています。東宮御所2階部分は、中央階段を上って到達する迎賓施設として計画されていまし

図19　東宮御所

図20　ノイエ・ホーフブルク

た。東宮御所は当初から、現在のような迎賓施設としての性格を付与されていたのです。そう考えれば、その建築的外観が、簡略化されたスケールであるとはいえ、王宮としてのそれに近いことも理解されます。しかもこの御所に住むことを予定されていた皇太子（後の大正天皇）は、明治天皇の死去に伴って明治宮殿に住むこととなり、結局ここには住みませんでした。

　ここに住んだのは後の昭和天皇であり、しかもその期間は大正13年から昭和3年までのわずかに5年ほどでした。現在の天皇は戦後新たに東宮御所を建設してそこに住んだので、この建物が東宮御所としてよりも迎賓館としてイメージされることとなったのもごく自然なことでした。現在この建物は内閣府の付属機関である「迎賓館」となって、現在もこの機能を継続しています。

　片山東熊はジョサイア・コンドルに学んだ工部大学校の第一回の卒業生であり、辰野金吾とならぶ明治初期洋風建築界の双璧でありました。片山が宮内省に活動の場を据えたことは、明治政府にとって宮内省の建築群が極めて重要な意味をもっていたことを示しています。片山の後にも、多くの建築家たちが工部大学校、そしてその後身である帝国大学から宮内省に奉職します。ここに明治から昭和初期にいたる内匠寮の建築の人脈が形成されることになります。

多様で質の高い皇室のデザイン

　内匠寮の仕事を明治宮殿の時代から東宮御所（迎賓館）の時代への移り変わりと捉えることは理解しやすいのですが、その後の展開を簡単明瞭にイメージすることは難しいのです。大正期以降の内匠寮の仕事は、さまざまな施設、さまざまな機能をもった建物をつくりだしていく多様な時代に入っていくからです。無論、それ以前から多様な建築群は設計されてきましたが、大正期以降は構造的にも様式的にも、その多様性が本格化していくことになります。

　この時代の内匠寮の建築を代表する人物を取り上げてみるなら、そこに木子清敬の子息である木子幸三郎がまず浮かび上がってくる

図21　李王家の邸宅

のではないでしょうか。

　木子幸三郎は皇居内の紅葉山御養蚕所、日光田母澤御用邸謁見間、大正天皇御即位京都御所内賢所建物、京都二条城内の大正天皇御即位饗宴場、福島県猪苗代湖畔に建つ有栖川宮威仁親王妃慰子殿下御別荘など、多くの建物を手がけました。彼の世代の建築家には中條精一郎から天沼俊一、大熊喜邦、そして宮内省に籍を置くことになる北村耕三など、多彩な面々がいます。彼らは様式的レパートリーを拡大し、建築表現の幅を拡げました。木子幸三郎は和風、洋風のいずれにも才能を振ることのできる建築家でした。彼の作品のうちには現存する建築がかなりあります。

　また、彼は片山東熊とともに正倉院の修理に携わったことでも知られています。初期の歴史的建築の修理の実践に関わる事例です。このときの修理は構造体を健全な状態で保てるように、小屋組にトラス構造を導入するなど、かなり大胆な構造変更を行なっており、現在の修理技術の指針に照らすならば異色と思われる手法も多く見られます。当時にあって奈良時代の建築を修理する際にはこうした手法がとられるのが通例だったのです。

　木子幸三郎につづく世代では、権藤要吉が多くの仕事をした名手として知られます。彼は宮内省庁舎、楽部庁舎を手がけ、朝香宮邸（現在は東京都庭園美術館）、李王家東京邸（現在は赤坂プリンスホテルの一部）などにも関与しています。さらには東京駒場の前田侯爵邸（現在の日本近代文学館の一部）、伊豆の川奈ホテルや現在の帝国ホテルの設計で知られる高橋貞太郎も内匠寮技師として働いていた時期があります。ここにもまた、宮内省に集まった建築家の活動の幅の広さが感じられます。

　事実、宮内省内匠寮はわが国有数の設計組織として、多くの有能な建築家を擁していました。そこは和風建築、洋風建築を設計する場であり、設計者の層の厚さには定評がありました。建築の分野だけでなく、造園においても宮内省は極めて重要な地位を占めていました。初期の小平義近、市川之雄、福羽逸人ら、園芸から造園にまたがる宮内省の人材はわが国近代造園の歴史を築いた人びとです。皇室に関連する施設は、日本の伝統を伝える

図22　伊勢神宮内宮参道

図23　田母沢御用邸

デザインを体現すると思われがちですが、五十鈴川を渡り伊勢神宮へ向かう参道、皇居前の松原などは、洋風技法を取り入れた造園計画の先駆的な事例なのです。

こうした造園技術の特質は、明治天皇陵である伏見桃山御陵によく窺われます。伏見桃山御陵は、円墳のかたちを中心に据えたものであり、以後の天皇・皇后陵の形式の基本を決定したのですが、決してそれまでの天皇陵の延長上につくり上げられたものではありません。幕末最後の天皇であった孝明天皇の御陵はかなり簡素な円形の墳丘をもつに過ぎません。それが変化を来すのは、孝明天皇の皇后であった英照皇太后陵が建設されたときです。

明治30年に英照皇太后が亡くなり、その御陵が孝明天皇陵の脇に設けられたときには、極めて精巧な加工が施された石材がそこに用いられました。ここには明治以降の皇室の力が急速に向上したことが窺われるのです。それを支えたのが内匠寮の技術力です。玉砂利を踏んで進む参道、やがて開ける松原の景色などは、こうした過程で新しく生み出された皇室のデザインであるにも拘わらず、いまでは日本的ランドスケープの典型と見られるまでになっています。

伏見桃山御陵には内匠頭片山東熊を筆頭に、造園技師、そして京都の庭師小川治兵衛にいたる多くの人材が総合的に関与しています。建築と周囲の景観を全体的に計画する手腕は、宮内省が明治時代を通じて培ったものです。

宮内省による建築・庭園のかずかずは日本の近代化の歴史とともに歩んできました。そこには近代と伝統を内包した建築群があり、洋風と和風のそれぞれにおける極めて質の高い建築群があり、そして極めて多様な種類の建築群があります。まさしく国家としての日本の近代化が求めた建築群がそこには存在しているのです。残念なことにその多くは、これまでさほど人の目に触れることがありませんでした。しかしながら質の高い建築群はいまも数多く残されています。改めて宮内省内匠寮が生み出してきた建築を見直していきたいものです。

図24 旧朝香宮邸（現東京都庭園美術館）

III 丸の内の変遷と明治生命館

丸の内の開発

　明治生命館は東京の中心、丸の内のオフィス街のなか、馬場先門の交差点と呼ばれる位置に建っています。この馬場先通りはかつて「一丁ロンドン」と呼ばれた、赤レンガのオフィスビルの建ち並ぶ丸の内のメインストリートでした。そもそもこの馬場先通りから日本のオフィス街ははじまっていったのです。そこでまず、明治生命館が建つ場所の物語から話をはじめていきましょう。

　丸の内は江戸時代、多くの大名屋敷が建ち並ぶ地区でした。いまも東京駅前を駅に対して平行に走る通りを大名小路と呼ぶのはその名残です。しかしながら、この地区は明治5年3月、和田倉門内の旧会津藩邸から出火し、烈風に煽られて京橋にまで焼け拡がる大火となりました。この火災からの復旧を目指して立てられたのが、銀座レンガ街計画です。日本の都市の近代化計画のさきがけといわれ、現在の銀座の繁栄の基礎となるのがこのときの復興計画でした。

　このいわゆる銀座の大火は、丸の内の大半をも焼きつくしたのですが、こちらの復旧は

図25　三菱一号館

遅れました。ここは明治維新以後、官庁や兵営が置かれていた地域で、こちらの復旧は目処が立たなかったのです。雑草の生い茂る荒涼たる原っぱがしばらくの間残されていたのでした。明治政府は軍事施設の多くを麻布に移すことにしましたが、その費用捻出のために丸の内一帯を払い下げることにしました。このときの兵舎建設予算は150万円であったという。これは当時の国家予算の2パーセント近い費用でした。

この払い下げを巡る三菱の決断については良く知られたエピソードがあります。ちょうど丸の内を払い下げるという話を、日本からの新聞で見た滞英中の三菱の幹部、荘田平五郎が末延道成と計って、日本にも本格的なオフィス街を建設すべきだとの結論に達して、ただちに「買取らるべし」と打電したというのです。この電報はグラスゴーから発せられたといいますが、現物は残っていないそうです。

しかし、この逸話が伝えるところから、丸の内に英国のオフィス街を見做った「一丁ロンドン」が出現するという物語がはじまっていきます。丸の内の払い下げを受けることに成功してからの三菱の行動は迅速でした。明治23年(1890年)3月6日に払い下げを受けて、9月には本社内に丸の内建築所を設置していますし、同じ月に曾禰達蔵を入社させています。そしてこの年にはジョサイア・コンドルが三菱社の顧問に就任しています。こうした一連の動きは明らかに丸の内のオフィス街建設のためだったのでしょう。

翌明治24年(1891年)には丸の内全域の平面測量と地質調査を行ない、さらにその次の年の1月には、第一号のオフィスビルである三菱一号館を起工、ついで年末には第二号館を起工しています。

この一大建設工事の中心にいたのが、ジョサイア・コンドルです。コンドルと三菱の関係は、これまで知られてきたよりも、ずっと濃密なものであったらしいことが判明しつつあります。それはトマス・グラバーをなかに介した関係と思われます。

例えば明治24年(1891年)の濃尾地震に際しては、グラバーから岩崎彌之助への進言によって、コンドルが三菱の資金で現地視察

図26 一丁ロンドン

を行なっていることが知られています。これは明らかに丸の内の建設計画と関係があると思います。これから大きな建築事業を行なおうとしている三菱にとって、濃尾地震はひと事ではなかったはずだからです。事実、濃尾地震の衝撃は丸の内の計画に大きな影響を与えたと考えられます。

　一般に濃尾地震によってレンガ造の補強策が本格的に試みはじめられたといわれます。そのひとつはレンガを繋ぐ目地を漆喰モルタルからセメントモルタルに改良していったということであり、他はレンガ造に鉄材による補強を加えることです。ちょうどこの頃日本銀行の本店を日本橋に設計中であった辰野金吾は、大幅な設計変更を行なったと伝えられています。しかしながら辰野の場合には、鉄材による補強はあまり行なわなかったようです。コンドルは三菱一号館に鉄の帯材を水平に配置しており、このような補強方法がその後の彼の定石となっていきます。この補強策は有効だったと考えられます。何故ならこれらのビルはその後東京を襲う関東大震災にも無傷で残ることになるからです。「一丁ロンドン」は震災を生き延び、さらには第二次世界大戦の戦火をも生き延びるのです。

　いささか話が先走りすぎましたが、明治27年(1894年)6月30日に三菱一号館は竣工しました。ここに日本最初の本格的オフィス街の礎が築かれたのです。翌年には二号館、翌々年には三号館が竣工します。ここまでの設計はコンドルが担当しています。このうちの二号館の位置に、後に明治生命館が建設されることになります。

　三号館建設の後は、起工と竣工の時期が乱れてきますが、明治37年(1904年)には六号館、七号館、四号館が竣工しますし、その翌年には五号館が竣工します。そして明治40年(1907年)に九号館の西より部分が竣工し、引きつづいて九号館の残りと八号館、一〇号館、一一号館が陸続と竣工します。明治43年(1910年)には一二号館が竣工、翌年には一四号館から二〇号館までが起工され、明治時代の終わりを告げる明治45年(1912年)には、それらがそろって竣工していきます。それらは赤レンガのオフィスビルであり、日本ばなれしたオフィス街でした。まさ

図27　日本銀行本店

に「一丁ロンドン」の中核部は明治という時代に建設されたのでした。その先駆けを成し遂げたのが、ロンドンからやってきたジョサイア・コンドルというわけです。

三菱二号館から明治生命館へ

ここで「一丁ロンドン」の配置を見ていきましょう。最初に建設された三菱一号館は、大名小路と馬場先通りの交差点の北西の角地に建てられます。ここが丸の内オフィス街の基点となったのです。その次に建てられることになった三菱二号館は一号館の隣ではなく、馬場先通りと日比谷通りの交差点に建設されました。つまり一号館と二号館とによって馬場先通りの両端を抑えたのです。

一号館も二号館も角地に建てられたのでL字型のビルですが、その正面は馬場先通りに向いています。二号館は角の部分に入口をもちますが、馬場先通りの壁面が長く、馬場先通りにはもうひとつの入口が開かれているからです。こうして馬場先通りの両端が固められた後に、一号館に向かい合うかたちで三号館が建てられ、二号館との間に四号館、五号館が建てられて「一丁ロンドン」が形を成していくのです。二号館の向かい側には、妻木頼黄の設計による東京商業会議所のビルが角地を強調するデザインで建設されました。

ここで二号館のデザインをよく見ておきましょう。ここには明治生命、東京海上、明治火災の各社が入居しました。二号館は馬場先通りと日比谷通りの交差点に向かって入口を開き、そこにドーム屋根を戴いています。こうした角地の強調はその後もつづき、丸の内の有楽町寄りに建てられた三菱一四、一五、一八、二〇、二一号館はいずれも角の部分に入口をもっています。角地を強調するのは、初期の洋風建築にはしばしば見られることで、新しい洋風建築が孤立して立っている状態の現れです。

三菱二号館は、それ以前に明治生命が本社としていた日本橋坂本町に建つ社屋ときわめて良く似たデザインであったといわれます。この坂本町のビルは三井物産も使っていたようですが、詳細は不明です。丸の内に移ってからの三菱二号館にも、明治生命以外に明治火災、東京海上の各社が入居していました。

図28　馬場先通り交差点に面した三菱二号館

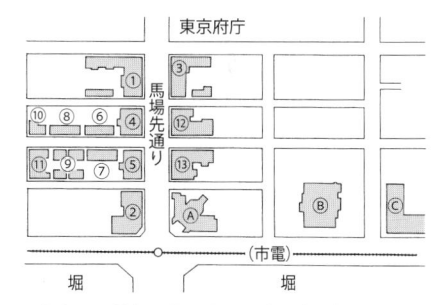

図29　三菱一号館から二一号館までの位置図
　　数字は三菱各号館の位置
　　A：東京商業会議所　B：帝国劇場　C：警視庁

こうした典型的な明治洋風オフィスビルであった三菱二号館が建て替えられて、ここに現在の明治生命館が誕生します。

明治生命館の建設は、昭和3年（1928年）に決定され、北側の隣地を含めて敷地を三菱合資会社から買い受け、用地が確保された。そして佐藤功一、鈴木禎次、渡辺節、櫻井小太郎、渡辺仁、葛西・田中事務所、横河工務所、岡田信一郎という、当時の日本を代表する8名の建築家を対象にして設計競技を行ない、岡田信一郎が設計者に選ばれました。

ここで注意しておくべきは、三菱二号館はそのとき依然として存在していたということです。丸の内の「一丁ロンドン」といわれた赤レンガのオフィス街は、大正12年（1923年）の関東大震災に致命的な被害は受けていませんでした。丸の内のオフィス街建設直前に明治期最大の地震であった濃尾地震が起きており、その調査を踏まえて建設されただけに、濃尾地震以後のレンガ造建築の耐震性はかなり高かったと考えられるのです。これは東京駅、日銀本店などが火災による被害はあったものの、構造的に崩壊しなかった事実を考えても納得されるでしょう。

したがって、明治生命館の建設は、自然災害による建て替えではなく、経済成長に伴なう建築更新の極めて早い例であると考えられるのです。事実、三菱二号館以外、「一丁ロンドン」の赤レンガ・オフィスはすべて昭和30年代の高度経済成長期まで健在でありつづけたのです。それだけに明治生命館の建設はむしろ異例であり、明治生命が新しい本社ビル建設にどれほど新機軸を求めていたかが感じられます。この時期には丸の内地区にも帝国劇場や三菱銀行など、赤レンガではなく古典主義的なビルが建ちはじめています。

設計者となった岡田信一郎は、多彩な様式的手法を駆使できる技の持ち主でした。世代的にはコンドルに学んだ辰野金吾、曾禰（そね）達蔵らの後につづく第二世代であり、様式手法に長けた「名人」ともいうべき建築家です。

この世代には曾禰のパートナーとなった中條精一郎、辰野の後を受けて日銀本店の増築を行なった長野宇平治らが含まれます。彼らは皆、西洋建築の様式を扱うことに習熟し、とりわけ古典主義的様式の構成を巧みにこな

図30　銀座レンガ街

図31　帝国劇場

す「名人」ぞろいでした。そのなかでも岡田信一郎は東京美術学校の教授になった経歴からも窺われる通り、様式の扱いにはもっとも長けていました。因みにこの時期、彼らすべての母校であった東京帝国大学の教授陣には、様式的「名人」は在籍しませんでした。というより、東京帝国大学には西洋古典主義建築の「名人」が教授に座ったことはなかったのです。当時設計の教授には若手の岸田日出刀が座っていましたが、実権は造形より構造を重視する佐野利器や内田祥三らが握っていました。

　岡田信一郎は渾身の力を振るって明治生命館の設計を行ないました。彼はこの建物の設計から建設の過程で自らの命を燃え尽きさせてしまうのです。彼は当時のオフィスビルの先進地であったアメリカのオフィスビルを参照しました。アメリカのオフィスは壮大な古典主義建築様式に身をまとったすがたを誇っていました。それはわが国でも、明治生命館に先立って完成していた日本橋の三井本館に見られます。米国の建築事務所の設計、米国の施工会社による施工で完成した三井本館は、大オーダーと呼ばれる複数階を貫くコリント式の柱を林立させ、当時の米国的オフィスに見られた古典主義建築の構成を見せていました。

　岡田は明治生命館にやはり複数階を貫くコリント式の柱を林立させ、1階部分を粗石積みで引き締め、コリント式の柱の上階には平滑な表現を与え、全体では三層構成といわれる古典主義の定石を実現しています。それまでの三菱二号館が角地に入口を開いていたのに対して、明治生命館は皇居の堀に面した日比谷通りに正面を向けています。馬場先通りに沿って延びるそれまでの「一丁ロンドン」からの脱却です。その後、日比谷通りは堀に面した丸の内の外郭をなす新しい街路として生まれ変わっていきます。

明治生命館のすがた

　敷地が広がったことにより、新しく計画されたビルは全体のプロポーションが水平性を保った安定したものとなりました。コリント式の柱は巨大でありながら精緻に加工され、巨大さよりも繊細さを感じさせます。この建

図32　三井本館

図33　明治生命館

物の細部の繊細さは、じっくりと眺めれば眺めるほど味わい深さを見せてくれますが、ビル全体のプロポーションの良さがもっとも評価されるべき点でしょう。これは敷地に恵まれた偶然の産物と思われるかもしれませんが、決してそうではなく、岡田信一郎の熟慮の末の造形です。日比谷通りと馬場先通りの角に当たる部分はそれまでとは対照的にむしろ閉鎖的な壁面とされ、それが建物全体に安定感をもたらしています。また、1階部分の粗石積みを低く抑え、コリント式の列柱の上階を二層に構成していることもまた、建物を腰高にせず、安定させているといえましょう。こうしたプロポーション感覚はアメリカのオフィスビルよりも水平性の強い、ある意味では日本の古典主義建築というべき表現と考えられます。ここにわが国の古典主義建築の表現が完成の域に達したと評価される所以です。

外観において明治生命館はアメリカ的な古典主義のオフィスビルの構成を示していますが、内部ではアールデコ的なタイル装飾を用いたり、スパニッシュ・スタイルの役員室のインテリアを導入するなど、変化と多様性に富んだデザインを見せています。様式的な手法を十分に習得していた岡田信一郎の面目が感じられるところですが、内部のデザインについては弟の岡田捷五郎の手が加わっているとする見方もあります。この建物の完成を目前にして岡田信一郎は病に倒れて歿したのですが、以前から共同して設計を進めていた弟の捷五郎が後を引き継ぐからです。

構造設計は内藤多仲の手になりました。彼は得意とする鉄骨鉄筋コンクリート構造によって明治生命館を構造設計しました。全体の構成は1階営業室部分と事務室部分を大スペースとして確保し、その周囲に諸室を配置していくもので、大スペースからなる中心部分と、周囲の部分では柱の並び方が異なります。こうした構造計画は現代のビルでは行なわれないものですが、内部スペースの配置を第一に考え、それにあわせて構造的な柱を配置するという手法と思われます。内藤多仲苦心の構造計画といえましょう。この構造は

図34　明治生命館柱頭

図35　歌舞伎座

耐震壁を南北方向と東西方向に配置して耐震性を高めるもので、その有効性が認められています。今回の改修工事においても、この建物は免震化を計るなどの手段は必要ないと判断されました。

内藤多仲と岡田信一郎は大学における先輩後輩の関係であるだけでなく、岡田が歌舞伎座を設計したときにその構造を内藤に依頼して以来、暖かい友情あふれる先輩建築家であったといいます。内藤は後年、岡田から構造を依頼された明治生命館の設計を回想しています。明治生命館の生まれ出る状況をよく伝えてくれる文章なので、いささか長くなりますが、ここに引用しておきます。

「歌舞伎座を設計した岡田さんの最後のすぐれた記念作品といわれるものに、東京本社の明治生命ビル本館がある。ここも歌舞伎座とおなじように私が構造を担当したので、岡田さんとの仲は因縁浅からざるものがある。丸の内の馬場先門の前に、四辺の風景にマッチした端然たる容姿をはじらいもなくお堀に影を宿している。私はいつ眺めても格調の高い建物だとしみじみ思う。

先輩にして友情の厚かった岡田さんはいい作品を残して下さった。作品をたたえるにやぶさかでないが、その陰にはいつも曾禰老博士が監督として采配を揮い、工事現場に出かけては関係者のとめるのもきかず、屋上まで足場を上って検分されたことを明らかにしておきたい。この建物も28年の歳月を経過しているが、美しい容姿はいささかも衰えを見せず、昔のまま生き生きとしていることは喜ばしい限りである。」（内藤多仲『建築と人生』、鹿島出版会、昭和41年）

昭和9年（1934年）3月31日に竣工した明治生命館は、5月14日から営業を開始し、戦災にも遇うことなく戦後を迎えます。そして昭和20年（1945年）9月12日、極東空軍司令部として連合軍が使用するため接収され、それは昭和31年（1956年）7月18日までつづきます。

接収が解除されてふたたび本社機能を担うようになった明治生命館は、昭和43年に三菱五号館の建っていた東側に新館が建設され、昭和56年にはさらに三菱七号館の場所に別館が建設されて複合的に街区を形成していきます。しかしながら明治生命館は当初のすがたを残しつつ、機能を遂行しています。

平成9年、明治生命館は昭和期に建てられた建築物として初の国重要文化財に指定されます。この指定には当時の経営陣の決断があった。明治生命館を文化財として保存継承しながら、オフィスとしての機能は活かしつづける道を選択したのです。その計画に従って新館、別館、そして隣接するビルを含めた総合的な開発がなされて、平成17年、ここに新しい保存と継承のすがたが完成しました。

索　引

A～Z
H.M ランディス ····················· 57
JR 東日本 ························ 2, 44

あ
アーツ・アンド・クラフツ運動 ····· 69
アールデコ ···················· 107, 118
曖依村荘 ··························· 68
銅御殿 ····························· 40
赤坂離宮 ···················· 7, 36, 104
芥川也寸志 ························· 26
朝香宮邸 ······················ 110, 111
朝倉家住宅 ························· 58
朝倉健吾 ··························· 60
朝倉徳道 ··························· 60
朝倉虎治郎 ························· 60
飛鳥山 ·························· 62, 68
熱海市 ····························· 81
天沼俊一 ·························· 110
有栖川宮威仁親王妃慰子殿下御別荘
 ································ 110

い
石原慎太郎 ····················· 44, 51
伊勢神宮 ····················· 11, 110
市川之雄 ·························· 110
移築保存 ······················· 95, 99
一丁ロンドン ············ 112, 114～117
三菱一号館 ······················· 113
伊東忠太 ·························· 105
今村治輔 ···················· 63, 65, 66
岩崎彌之助 ······················· 113
インブリー館 ······················ 52

う
ヴィクトリアン・ゴシック ············ 2
ヴェネツィア憲章 ··················· 10
上野動物園 ························· 96

上野の杜 ······················· 94, 99
上野の杜の会 ······················ 26
ヴォーリズ ························· 53
内井昭蔵 ··························· 52
内田祥三 ·························· 117
内田祥哉 ··························· 83

え
英照皇太后陵 ····················· 111

お
王政復古 ·························· 103
大内田史郎 ························· 51
大浦天主堂 ·························· 7
大熊喜邦 ·························· 110
オーセンティシティ ············ 10, 19
大谷美術館 ························· 43
太田博太郎 ····················· 44, 51
大林組 ····························· 51
大ばらし ······················· 22, 65
大谷石 ····························· 71
岡田捷五郎 ······················· 118
岡田新一 ··························· 30
岡田信一郎 ················ 116, 118, 120
岡田恒男 ······················ 51, 89
小川治兵衛 ······················· 111
織田有楽 ··························· 12

か
開発行為 ··························· 16
懸け造り ··························· 96
葛西・田中事務所 ················· 116
鹿島建設 ··························· 51
梶本教仁 ··························· 87
片山東熊 ··· 37, 39, 103, 105, 109～111
価値的有意義性 ················ 14, 15
兼松紘一郎 ······················· 126
歌舞伎座 ····················· 119, 120
カルチュラル・プロパティー ········· 8

カルチュラル・ランドスケープ ······ 9
カルチュラル・リソース ············· 8
川島織物 ······················ 30, 38
川奈ホテル ······················· 110
寛永寺 ······················ 94, 96, 97
観光資源 ··························· 81
関東大震災 ·········· 3, 67, 70, 76, 114, 116

き
起雲閣 ····························· 79
木子清敬 ················ 105, 106, 108, 109
木子幸三郎 ················· 109, 110
岸田日出刀 ······················· 117
北見米蔵 ··························· 43
北村耕三 ·························· 110
杵屋別邸 ··························· 79
旧朝倉家住宅 ······················ 58
旧磯野家住宅 ······················ 40
旧江戸城西の丸御殿 ·············· 104
旧国鉄本社ビル ···················· 22
宮廷建築 ·························· 103
旧帝国ホテル ······················ 70
宮殿建築 ·························· 108
旧日向別邸 ························· 78
旧三菱一号館 ······················ 16
清田龍之介 ························· 74
清水堂 ····························· 96
記録保存 ··························· 95
銀座レンガ街 ····················· 116
銀座レンガ街計画 ················· 112

く
孔雀の間 ······················· 22, 71
宮内省内匠寮 ················ 103, 110
国の史跡 ··························· 21
隈研吾 ····························· 81
久留正道 ··························· 31

け

迎賓館 …………………… 21, 36, 108
迎賓館赤坂離宮 …………………… 103
ゲニウス・ロキ …………… 96, 98, 99
見城美枝子 …………………… 74
建築遺産 …………………… 100
現地保存 …………………… 95, 98
原爆ドーム …………………… 20

こ

皇居造営事務局 …………………… 106
甲子園ホテル …………………… 19
工部大学校 ………………… 105, 106, 109
国際文化会館 …………………… 15
国宝 …………………… 6, 36
国立西洋美術館 ………………… 13, 22, 88
腰原幹雄 …………………… 86, 87
小平義近 …………………… 110
古代律令制 …………………… 103
古典主義 …………………… 116
古典主義建築 …………………… 118
古典主義的西洋建築 …………………… 107
古典主義的様式 …………………… 116
コリント式 …………………… 117
権藤要吉 …………………… 110
コンドル …………………… 116

さ

坂倉準三 …………………… 88, 90
櫻井小太郎 …………………… 116
佐藤功一 …………………… 116
佐野利器 …………………… 117
猿江貯木場 …………………… 106
三層構成 …………………… 117
サンマルコ …………………… 10

し

式年遷宮 …………………… 11
自然遺産 …………………… 8
指定文化財 …………………… 7
不忍の池 …………………… 96
澁澤榮一 …………………… 62

渋澤雅英 …………………… 65
清水組 …………………… 62
清水建設 ……………………… 65, 69, 90
重要文化財 …………… 4, 6, 21, 23, 100
重要民俗文化財 …………………… 8
重要無形文化財 …………………… 8
首相官邸 …………………… 89
修理職 …………………… 103, 105
如庵 …………………… 12
小学校統廃合 …………………… 85
正倉院 …………………… 21, 110
荘田平五郎 …………………… 113
昭和天皇 …………………… 109
ジョサイア・コンドル …… 32, 35, 109, 113, 115
白川勝文 …………………… 105, 106

す

瑞龍寺 …………………… 21
末延道成 …………………… 113
数寄屋風 …………………… 107, 108
スクラッチタイル …………………… 71
鈴木禎次 …………………… 116

せ

青淵文庫 …………………… 62, 66
誠之堂 ……………………… 17, 22, 62, 65
清風亭 …………………… 22, 62, 65
西洋美術館 …………………… 89
世界遺産 …………………… 8, 89
世界文化遺産 …………………… 21
世界平和記念聖堂 …………………… 23
セメント瓦 …………………… 85

そ

奏楽堂 ……………………… 18, 95, 98
奏楽堂は上野の杜に …………………… 27
奏楽堂を救う会 …………………… 27
雑司ヶ谷宣教師館 …………………… 100
増上寺 …………………… 94
曾禰達蔵 ………………… 113, 116, 119

た

第一銀行 …………………… 62
代官山 …………………… 58
大正天皇 …………………… 109
大正天皇御即位饗宴場 …………………… 110
大正天皇御即位京都御所内賢所建物 …………………… 110
耐震壁 …………………… 118
台東区 …………………… 101
第二次世界大戦 …………………… 114
大名小路 …………………… 112, 115
高階秀爾 …………………… 89
高橋貞太郎 …………………… 110
高峰三枝子 …………………… 44
滝廉太郎 …………………… 31
内匠寮 …………………… 103〜111
武智和臣 …………………… 87
辰野金吾 ………… 2, 51, 109, 114, 116
龍村美術織物 …………………… 38
棚田 …………………… 9
田辺淳吉 …………………… 62, 65, 69
谷口吉郎 …………………… 39, 73
田村剛 …………………… 81
田母澤御用邸謁見間 …………………… 110

ち

竹生島 …………………… 96
中央郵便局 …………………… 49
中條精一郎 …………………… 110, 116
地霊 …………………… 98
地霊の力 …………………… 96

つ

土川元夫 …………………… 73
妻木頼黄 …………………… 115

て

帝国劇場 …………………… 116
帝国ホテル …………………… 22, 110
寺西春雄 …………………… 27, 31
伝統の継承 …………………… 107
伝統の創出 …………………… 107

と

- 東叡山寛永寺 …………………… 94, 96
- 東京駅 ………………… 2, 3, 18, 44, 116
- 東京芸術大学 …………………… 26, 98
- 東京芸術大学音楽学部同声会 …… 30
- 東京商業会議所 …………………… 115
- 東京帝国大学 …………………… 105, 117
- 東京帝室博物館 ……………………… 99
- 東京都歴史建造物指定 …………… 51
- 東京文化会館 …………………… 16, 89
- 東宮御所 ……………… 36, 103, 106, 109
- 道具的有意義性 ……………… 13, 14, 16
- 登録制度 ……………………………… 21
- 登録文化財 …………………………… 7
- トマス・グラバー ………………… 113

な

- 内藤多仲 ………………………………… 118
- 長野宇平治 …………………………… 116

に

- 二条城本丸御殿 ……………………… 107
- 二条離宮 ………………………… 107, 108
- 日光東照宮 ……………………………… 6
- 日本カーバイド工業 ………………… 78
- 日本銀行本店 …………………… 114, 116
- 日本建築学会業績賞 ………………… 4
- 人間国宝 ………………………………… 8

ね

- ネオ・バロック建築 ………………… 108
- 根津嘉一郎 ……………………………… 79
- 根継ぎ …………………………………… 67

の

- ノイエ・ホーフブルク ………… 37, 108
- 濃尾地震 …………………… 3, 113, 114, 116
- ノール・モダニズム賞 ………… 4, 87

は

- パイプオルガン …………………… 101
- 花田佳明 ………………………… 84, 87

ま

- 馬場先通り …………… 112, 115, 117, 118
- 晩香廬 ……………………………… 63, 66
- 阪神淡路大震災 …………………… 88, 89

ひ

- 比叡山延暦寺 ………………………… 96
- 東日本旅客鉄道株式会社 …………… 51
- 樋口正峻 ………………………… 105, 106
- 日土小学校 ……………… 4, 14, 18, 23, 82
- 日比谷通り ……………… 115, 117, 118
- 姫路城 …………………………………… 11
- 日向利兵衛 …………………………… 78
- 表現主義 ……………………………… 107
- 平山郁夫 ……………………………… 30
- ヒルサイドテラス ……………………… 58
- ピロティ ………………………………… 88
- 琵琶湖 …………………………………… 96

ふ

- 吹上御苑 ……………………………… 104
- 復元 ……………………………………… 11
- 復原 ………………………… 11, 34, 95
- 復原保存 …………………………… 95, 99
- 福羽逸人 ……………………………… 110
- 藤江澄夫 ……………………………… 64
- 伏見桃山御陵 ……………………… 111
- フランク・ロイド・ライト …… 22, 70
- ブルーノ・タウト ………………… 78
- 文化遺産 …………… 8, 21, 98, 100, 102
- 文化財 …………………………… 9, 98
- 文化財の保存 ……………………… 81
- 文化資源 ……………………………… 8
- 文化的景観 …………………………… 9

へ

- 平安神宮 ……………………………… 105
- 平和記念公園 ………………………… 23
- 弁天堂 …………………………………… 96

ほ

- 法隆寺 ……………………………… 6, 11
- 保存運動 ………………… 5, 18, 22, 102
- 保存活用 ……………………………… 21

ま

- 保存再生 ……………………………… 102
- 保存事業 ……………………………… 16
- 保存的活用 ……………………… 19, 20

ま

- 前川國男 ………………………… 88, 90
- 前田侯爵邸 ………………………… 110
- 前野まさる ……………………… 26, 31
- 曲田清維 …………………………… 84, 87
- 槇文彦 ……………………………… 58, 60
- 松方コレクション ………………… 88
- 松田昌士 ……………………………… 44
- 松波秀子 …………………………… 64, 65
- 松村正恒 ……………………… 4, 84, 87
- 黛敏郎 ………………………………… 26, 31
- 丸の内 ………………… 32, 112, 114, 116
- 丸の内東京駅 ……………………… 45
- 丸ビル ………………………………… 22

み

- 三浦環 ………………………………… 31
- 水・ガラス …………………………… 81
- 三井本館 …………………………… 21, 117
- 光井渉 ……………………………… 126
- 三菱一号館 …………………… 32, 112, 115
- 三菱一号館美術館 ………………… 35
- 三菱銀行 …………………………… 116
- 三菱地所 ……………………………… 32, 35
- 三菱二号館 ……………………… 113, 115

む

- 無形文化財 …………………………… 8
- 村野藤吾 …………………………… 37, 39

め

- 明治維新 …………………………… 103
- 明治学院インブリー館 ………… 52, 57
- 明治学院記念館 ………………… 52, 57
- 明治学院大学 ………………… 18, 52, 55
- 明治学院チャペル ………… 52, 53, 57
- 明治宮殿 …………………………… 104
- 明治政府 …………………………… 104
- 明治生命館 ………… 21, 112, 115〜119

明治生命館柱頭･･････････････119
明治天皇･･････････････106, 109
明治村･･････････27, 31, 70, 105
名所･･････････････････････98
免震構造･･････････34, 46, 89

も

元倉眞琴･･････････････59, 61
紅葉山御養蚕所･････････････110
桃山御陵･･････････････････106

や

八幡浜市･･････････････････84
内山栄一･･････････････････31
山口半六･･････････････････31
山田耕筰･･････････････････31
山本直純･･････････････････26, 31

山本有三･･････････････････74
山本有三記念館･････････････74

ゆ

有形文化財････････････････9
ユネスコ･･････････････････8, 21

よ

洋館･･････････････････････74
洋風建築･････････････････115
横河工務所･･･････････････116
吉阪隆正･･････････････88, 90
吉田五十八･･･････････････79

り

李王家東京邸････････109, 110
龍門社････････････････64, 65

る

ルーヴル宮殿･･････････37, 108
ル・コルビュジエ･･･････22, 88～90

れ

歴史的遺産････････････18, 20
歴史的建造物･･････････18, 20

わ

ワールド・モニュメント財団（WMF）
･･････････････････････4, 87
和田耕一･･････････････････87
渡辺仁･･････････････78, 81, 99, 116
渡辺節････････････････････116

あ と が き

　古い建築の保存はむずかしい。そもそも古くなった建築はすぐに建て替えられてしまう。「耐震性に問題がある」、「安全性が保証できない」、「使いにくい」、といった理由が唱えられることが多い。しかし現在、古い建物を耐震補強したり、免震化したりして、強度を確保し、全体を修復して機能性を向上させることは技術的に不可能ではない。ただ、それには費用がかかるし、その建物の歴史的性格を重視して、文化財的価値をまもった修復をしようとすれば、さらに費用はかさむ。建築史家のジョン・サマーソンは、古い建物の保存について「離縁した妻にも似て、それらは維持するのに金がかかる」といっているくらいだ。

　古い建物のなかには、その建物が生まれてから現在に至るまでの長い歴史が封じ込められており、建物ほど時代性をまるごと伝えてくれる存在はない。けれども実際には、保存には費用がかかり、場所ふさぎでもあり、その実施には大きな決断をしなければならない。所有者がそうした悩みを抱えているのに対して、わたくしのような外部のものが保存を説くのは、まったく迷惑な話、ある場合には営業妨害と受け止められかねない。
　したがって、保存を主張するには、そのための負担をどうするかも、考慮しなければならない。文化財保護法などの保存法規が所有者に補助金を出す制度を定めているけれど、大型の近代建築の場合には、修復費用は補助金でまかなえる規模ではない。そうした場合には、容積移転や容積率の割増しを可能にする都市計画法規による特例が用いられたりする。保存を訴えるには、法制度を含めて現実的可能性も考えなければならない。
　このような現実を前にしたとき、保存とは、訴える側にとってもかなりむずかしい行為である。だから、建築保存については、正論は吐いても行動となると逃げてしまう研究者が多い。悲しいのは、わたくしより年下の研究者にそうした「非行動派」が多いことである。そういう人たちの正論を、わたくしは信じない。

　また、保存には時間がかかる。この本で紹介している建物も、保存を訴えて三、四年かかって保存が決まり、そこから実際の計画が始まって、工事が終わってみるとすでに十年の年月が経っていたという例が多い。それだけにひとつひとつのケー

スは忘れがたいものばかりだ。その過程でお世話になったり、いっしょに苦労したりした方々には、ほんとうに頭が下がる。

　結局、わたくしは建築の保存、継承、活用という長いプロセスのなかの、ほんの表面部分に関与したにすぎないからだ。けれども、どのようなかたちであっても、わたくしはこうした多くのプロセスに参加できたことに感謝している。
　この本をまとめる上で、数え切れないほど多くの方々のお力添えをいただいた。とりわけ市ヶ谷出版社の澤崎明治さんには一から十までお世話になった。彼がいなければ、この本はかたちを成さなかったろうから。

　平成25年5月

鈴木　博之

写真転載文献

（総論）
・図8、9、11、14、15、16：『建築史（増補改訂版）』（市ヶ谷出版社）
・図18、19、31：『日本の伝統建築の構法　柔軟性と寿命』（市ヶ谷出版社）
・図22、23：『インテリアデザインの実技』（市ヶ谷出版社）
・図34：『大谷石百選』（市ヶ谷出版社）
・図20、29、33：『近代建築史』（市ヶ谷出版社）

写真クレジット
図1、2、24：撮影（北生康介）
図3：撮影（岡本寛治）
図13：毎日新聞社（久保玲撮影）
図17、30、32：光井　渉

（事例）　写真提供者
旧東京音楽学校奏楽堂　図1、3、4、6：台東区立東京音楽学校奏楽堂
　　　　　　　　　　　図2、5、7、8、9：『上野奏楽堂物語』（東京新聞事業局出版局）
三菱一号館　図1、2、4、5、6、10：三菱地所株式会社
　　　　　　図3、8、9：ホンマタカシ　図7、12：太田拓実
迎賓館赤坂離宮：迎賓館
銅御殿：大谷美術館
旧朝倉家住宅：渋谷区
誠之堂・清風亭：深谷市教育委員会
青淵文庫・晩香廬：渋沢史料館
旧日向別邸：撮影（兼松紘一郎）
日土小学校：撮影（八幡浜市教育委員会＋北村徹）
国立西洋美術館：国立西洋美術館

（各論）
・図9、18、20、21、25、26、27、30、31、32、35：『近代建築史』（市ヶ谷出版社）
・図14、15、16、17、24：『皇室建築　内匠寮の人と作品』（建築画報社）
・図28、29：『図録　明治生命館』（明治安田生命保険相互会社）

写真クレジット
図3、4、5、6、10：撮影（北生康介）
図7、8、10、22、23、33、34：光井　渉
図2：pixta.jp-6740817

鈴木博之　Hiroyuki Suzuki

1945年　東京都で生まれる。
1968年　東京大学工学部建築学科卒業。
1974年　同大学院博士課程単位取得後退学。
1974-75年　ロンドン大学コートゥールド美術史研究所留学。
1990年　東京大学教授
1993年　ハーバード大学客員教授。
2009年　青山学院大学教授、東京大学名誉教授
現　在　青山学院大学教授
　　　　博物館　明治村　館長

主な著書　「建築の世紀末」（晶文社）
　　　　　「東京の地霊」（筑摩文庫）
　　　　　「近代建築史」（市ヶ谷出版社　共著）
　　　　　「現代の建築保存論」（王国社）
　　　　　「建築の遺伝子」（王国社）

保存原論──日本の伝統建築を守る──

2013年5月20日	初版印刷
2013年5月30日	初版発行

執筆者	鈴木　博之		
発行者	澤崎　明治		
企画・編修	澤崎　明治		
編修補佐	山田美智子・鈴木信弘	装幀	松島潤平
〃	大村和哉・赤熊央子	〃	加藤三喜
〃	鈴木洋子	DTP	丸山図芸社
編修庶務	恩田伸子・桑原雅美	印刷製本	大日本法令印刷

発行所　株式会社　市ヶ谷出版社
　　　　東京都千代田区五番町5（〒102-0076）
　　　　電話　03-3265-3711（代）
　　　　FAX　03-3265-4008
　　　　ホームページ　http://www.ichigayashuppan.co.jp

ⓒ2013　ISBN978-4-87071-291-1

好評発売中

隈研吾　書き下ろし
『場所原論』

場所原論
建築はいかにして場所と接続するか
隈 研吾

代表作18事例の設計哲学・詳細をカラー写真で解説。
―場所をテーマにした新しい建築の教科書―

市ヶ谷出版社

B5判変形上製本　140ページ
定価（本体2,200円＋税）

発行　市ヶ谷出版社

〒102-0076 東京都千代田区五番町5
TEL／03-3265-3711
FAX／03-3265-4008
振替／00140-9-21219
http://www.ichigayashuppan.co.jp